アメリカの教室に
Classrooms in the United States:
Public Education in Impoverished Areas and
Private Schooling beyond Inclusive Education
入ってみた

貧困地区の公立学校から超インクルーシブ教育まで

赤木和重
Kazushige Akagi

ひとなる書房
HITONARU SHOBO

はじめに

2015年3月27日、アメリカ、ニューヨーク州にあるシラキュース（Syracuse）という街に家族とともに降り立ちました。1年間、勤務先の大学を離れて自由に研究する在外研究という機会を得たからです。私の専門である、障害のある子どもに対する発達心理学的な研究を進める予定でした。

しかし、正直言うと不安だらけでした。家族はもちろん、私も生まれて初めてのアメリカです。そして、ろくろく英語も話せません。もちろん、妻も、8歳の娘も、3歳の息子も英語を話せません。さらに、シラキュースに誰1人知り合いもいませんでした。Syracuseという名前の読み方すらわかりませんでした（じゃあ、なんで行くねん！というツッコミが出そうですが、ほんまにそうですよね……）。

24時間を超えるフライトを経て、たくさんの雪が残る真夜中の空港に着いたとき、高揚感はまったくなく、これからやっていけるのか不安でしかありませんでした。妻子は不安を通り越して恐怖だったと思います。

振り返れば1年間、とにかくあたふたの毎日でした。交通事故に巻き込まれ、救急搬送されるわ、警察に逮捕されて被告人として裁判に出頭しなければいけないわ、住んだところは「治安が悪い」と指摘されるわ、シラキュースは、アメリカ有数の「貧困」と「分離」の街だと着いてから知ることになるわ、娘が最貧困地区の公立小学校に通うことになるわ……などあたふたの毎日でした。当初、予定していた研究は、はっきり言ってまったく進みませんでした。あぁ。

しかし、このようなアクシデントがあったからこそ、アメリカの様々な教育の深部に触れることができました。「深部に触れる」というのは、どの程度かと言うと、子どもとあいさつをした瞬間に、その子の今日の調子がいいか悪いかを判断できるレベルです。アメリカの教室に深く入り込み、そして、子どもの心を深く知ることができました。

本書では、「日本が進めている教育はこれでよいのだろうか?」と悩みつつ奮闘している学校の先生や保護者の方、「アメリカの教育のリアルな様子を知りたい」と考えておられる方々に、アメリカの教室に入り込んだ私の実体験を交えながら、3つのことを伝えます。

1つ目は、貧困地区の公立学校の様子を紹介することです。そのことを通して、アメリカ公教育の現状――それは「崩壊」と呼ぶにふさわしい――を伝えることです。意外なのですが、日本の発達研究者・教育学者は、アメリカの貧困地区の学校のリアルな現状をほとんど発信していません。アメリカの華々しい教育改革の様子は、専門家によって研究・紹介されています。しかし、貧困地区の学校の様子は、最近、発刊された鈴木大裕（2016）『崩壊するアメリカの公教育』（岩波書店）をのぞいては、ほとんど紹介されていません。アメリカ教育の専門家は、貧困地区のリアルな現状に関心がないのか、もしくは関心があってもツテがないので知ることができないのでしょう。

しかし、リアルな貧困地区の学校の様子を深く知ることでこそ、アメリカの教育の現状を知ることができるはずです。「光」の部分だけ見て、理解したり、議論することは極めて不十分です。特にすべての子どもの発達を保障することを使命とする公教育を語るには、どうしても貧困地区の様子を知ることが必要です。そこで、第1部で、貧困地区の教育の様子を語ります。

2つ目は、日本とは異なるインクルーシブ教育の様子を紹介することです。インクルーシブ教育とは、「すべての子どもをふくみ込む教育」と翻訳されます。障害のある子どもや、外国籍の子どもなど、学校教育から排除されがちな子どもたちが排除されない教育のことを指します。シラキュースは、アメリカでもインクルーシブ教育が進んでいる都市の一つです。シラキュース市の学区では、児童・生徒数（小・中・高校）がおよそ2万人在籍しているにもかかわらず、障害児が通う特別支援学校はありません。障害の重い子どもも、地域の学校に通っています。

ただ、私はそれをもって「インクルーシブが進んでいる／進んでいない」という議論をしたいのではありません。そうではなく、そこにある「インクルーシブ教育」の中身を伝えたいのです。日本とはインクルーシブ教育の形態だけでなく、その意味するところが大きく違いました。それは衝撃と言ってよいレベルです。

インクルーシブ教育が進んでいるシラキュースの中でも、「ベスト」と言われる学校などの見学を通して見えてきたインクルーシブ教育の様子を伝えます。第2部「インクルーシブ教育の異なるかたち」で語ります。

3つ目は、新しいインクルーシブ教育を展開している私立学校の様子を紹介することです。娘が、年度途中で公立小学校から、全校生徒30数名の小さな私立小学校に転校することになりました。その学校は、今まで見たことがないユニークな学校でした。幼稚園から中学生まで、障害のある子もない子もともに学ぶのです。なんじゃこりゃ！　と衝撃を受けるとともに、そこで学ぶすべての子どもが穏やかな顔をして学んでいる姿に、何だかホッとしつつ、教育の新しい未来を見ることができました。その小さな学校の様子について、第3部「インクルーシブ教育の新しいかたち」で、語ります。

まとめとなる「結び」において、様々な子どもがともに学ぶことの未来について、日本の現状をふまえながら語ります。日本の通常学級の伝統的な「一緒・一斉教育」が制度疲弊を起こしていることの問題を指摘し、どのように組み替えていくかについて提起します。このことは、同時に「教える」「学ぶ」「発達する」という私たちの価値観を転換させる必要があることも意味します。

なお、私はアメリカ教育の専門家ではありません。そのため、「アメリカとは〜である」と俯瞰的に語ることはできません。それに、一口にアメリカと言っても、州ごとに教育制度や内容は異なります。本書の内容は、あくまで、私の周りで体験したものであり、過度な一般化はできないことをお断りしておきます。

また、個人情報保護の観点から、子どもの名前は仮名にしています。さらに、特定を避けるためにいくつか細部の情報を組み合わせているところもあります。ただし、学校長の許可を得た学校では、正式な学校名を出し、また写真を掲載しています。

ここまで書いてきた内容を読むと仰々しい感じを受けるかもしれません。しかし、基本は私が「おぉぉ！」「うわ！」「なんだこれ！」「ステキ！」など心が動いたことをさらっと書いています。

また、裁判を受けてきたあたふた話や、アメリカの子どものランチに驚いた話などの小話をコラムとしてはさんでいます。どこからでも、気軽に読んでいただけます。

アメリカの話を読んでいるはずなのに、いつの間にか、日本の教室や目の前にかかわっている子どもの姿が浮かんできたら、望外の喜びです。

アメリカの教室に入ってみた
——貧困地区の公立学校から超インクルーシブ教育まで◉もくじ

はじめに　2

第1部　貧困地区の公立学校——公教育の崩壊　15

序　シラキュースという街　16

第1章　貧困地区の公立学校　22

教室に入ってこそわかる、子どもたちの息づかい／学校内の治安／教室に入ってみる／遅刻と朝食／２年生で足し算がわからない／一見、規律が守られているように見えるが……／低学力が最大の問題か？

第2章　貧困地区の子どもの体　35

驚愕の跳躍力／なわとびができない・長縄ができない／自分の体を協調させる経験の不足・他人と協調する経験の不足／協調なんていらないのかもしれない。でも……

第3章　貧困地区で暮らす子どもの言葉と思考　41
言葉の偏り／協調性の弱さ／考えることの難しさ／低学力以上に深刻なもの

第4章　遊びが消える幼児教育　47
信じがたい現実／教育をおかしくする構造

第5章　チャータースクールの光と影　53
ハーレムを歩く／1つの建物に3つの学校／チャータースクールの真実

第6章　日本との違い——子どもではなく教師・教育　58
日米比較：子どもは「同じ」、教師・教育が「違う」／スナックとコーラ／単純にアメリカを批判できない／テストが王様、家来が先生、子どもが奴隷

補　章　アメリカ公教育の底力——トランスファー・ハイスクール　64
トランスファー・ハイスクールとは／高校の中の保育園／保育園を設置する哲学／授業を受けてみた／進路について／障害のある生徒／教育カリキュラムと学校哲学／アメリカ公教育の底力

【番外編】学校ランチ事情　78
（その1）ファストフード化するランチ、一斉に食べないランチ
（その2）教師の指導

第2部　インクルーシブ教育の異なるかたち　89

第1章　公立小学校におけるインクルーシブ教育の実態　90

シラキュース地区の教育の状況／インクルーシブクラス／障害のある子どもたち／取り出し指導／担任の先生の話／インクルーシブ教育の負の側面／きれいな言葉に飲み込まれない

第2章　Mind your own business――自分のことをしっかりと　97

Mind your own business／インクルーシブ教育にひきつける

第3章　卒業式　101

小学校の卒業式／自由サイコー！　でも……／若者に聞いてみたところ……／どちらがよいと言うよりも／日本でインクルーシブ教育を進めることの難しさ

第4章　優れたインクルーシブ保育に学ぶ　108

Jowonio（ジョボーニオ）／子どもの多様性を担保する教育的環境の多様性／保育の実際

第5章　優れたインクルーシブ保育に学ぶ（その2）　116

インクルーシブ保育の実際／子ども同士のかかわりが少ない／「一緒・一斉」保育

ではなく、各自が楽しむ保育／間接保育（子ども同士をつなげる保育）が見られにくい

第6章 インクルーシブ教育の異なるかたち 122
インクルーシブ教育の前提やイメージが違う／シラキュース：「違いを尊重（difference）・個人主義（individual）」のインクルーシブ教育／日本：「同じ（sameness）・つながり（relationship）」を重視するインクルーシブ教育／インクルーシブ教育のハードルが高い日本／インクルーシブ教育の新次元へ

第3部 インクルーシブ教育の新しいかたち 137

第1章 小さな私立学校とインクルーシブ教育 138
突き抜けたインクルーシブ：5歳児から中学生までともに学ぶ・障害のある子もない子もともに学ぶ／New Schoolに娘が通う

第2章 New Schoolの概要 144
New Schoolの概要／New Schoolの学校目標：「自分を大事にする」「他人を大事にする」「物を大事にする」

第3章 流動的異年齢教育 156
個別の週間学習計画表：コントラクト／流動的異年齢教育／New Schoolの日課／ジャーナルタイム／スナックタイム／個別学習の時間／ジム／お楽しみ学習

第4章 流動的異年齢教育を可能にするもの——個別化・協同化・プロジェクト化 174
個別化／協同化／プロジェクト化／具体的にどのように学びが展開されるのか／異年齢教育と子どもの発達

第5章 流動的異年齢教育の意義 188
自己肯定感の安定・社会性の発達／「障害」が目立たない／楽ちんな雰囲気／流動的異年齢教育の原点：「どの子もバカだって思われたくないよね」

第6章 インクルーシブ教育の新しいかたち——違いを大事にしながらつながる 194

結び アメリカを通して日本の教室を考える 198
こんなにも教育が進んでいて、こんなにも教育が遅れている国、アメリカ／学校間格差が広がる背景／日本の教室の「生きづらさ」／「同年齢学級主義」を前提としたインクルーシブ教育の問題／流動的異年齢教育は日本でも可能か？／「できる／できない」教育から「楽しい」教育へ

おわりに　「わがこと」のように考えてくれる人が必ずいる　209

コラム

タイムアウト　31
Teaching is personal.　132
多様性の中で学ぶ子どもたちの息づかい
（その1）穏やかでゆるい　150
（その2）異質なものへの強烈な好奇心　168
（その3）他者を気づかう　180
裁判を受けてきました　214

第1部　貧困地区の公立学校——公教育の崩壊

序　シラキュースという街

２０１５年度、１年間住んだシラキュースの街について説明するところから始めましょう。シラキュースは、ニューヨーク州中部に位置する中規模の都市です。豪雪地帯で有名です。２０１４年は、「全米一雪が降った都市」にランキングされました。私が滞在した冬は雪が少なかったのですが、それでも常に雪が積もっている状況でした。それにマイナス30度にもなる寒さ。関西の温暖な地で育った私には驚愕の気候でした。人口は、徐々に減少しており、現在15万人ほどです。シラキュースの周りにある地区も含めた広義のシラキュース地域では人口は70万人ほどになります。

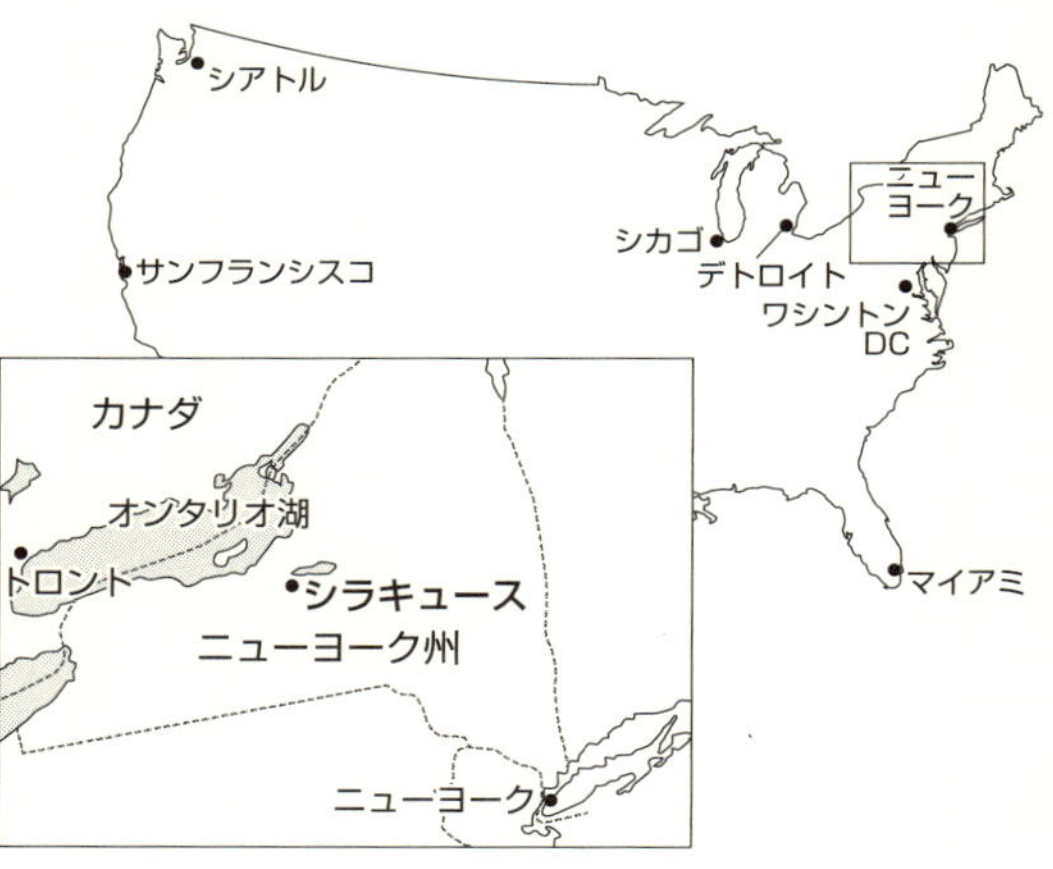

ちなみに、シラキュースに欠かせないのが、シラキュース大学。バスケットやアメリカンフットボールのスポーツも盛んで、試合になると学生はもちろん、シラキュースや近隣の町から多くの人が観戦に来ます。大学がなんとドーム球場を持っています。私は、この大学の教育学部の客員研究員という立場で研究を進めていました。写真のようにとても美しい大学で、毎日感動しながらキャンパスを歩いていました。

4月のシラキュース大学

シラキュースの位置づけ：貧困、教育

美しい大学とは裏腹に、街をとりまく経済的状況はよくありません。2013年のアメリカの国勢調査では、全米で23位の貧困都市にランクインしています。具体的には全人口のうち33・2％（ちょうど3分の1ですね）が、家庭の年間収入が2万3500ドル（約250万円）以下とされています。アメリカの中でも上位に位置する貧困都市です。

さらに、貧困の集中度は深刻な状況です。２０１５年9月6日に、Syracuse.comというニュースサイトで、衝撃的な記事が出ました。シラキュース在住の黒人やヒスパニックが貧困地区に住む割合は、全米一高いと言うのです。シラキュース在住の黒人の65％、ヒスパニックの62％が貧困地区に住んでいます。この割合は、市の財政が破綻状況にある、あのデトロイトよりも高いのです。さらにこの状況は年々ひどくなっているとのこと。

以上から、シラキュースは、低収入で暮らす人口割合が高いことに加え、人種によって貧富の差が激しく、また貧困の地区とそうでない地区の割合の差が大きいという「アメリカで貧しく、かつもっとも分離・排除が進んだ街の一つ」と言えるでしょう。ちなみにシラキュース大学は、インクルーシブ教育（inclusive education）や障害学（disability studies）に関する教授陣が揃った全米有数の大学であり、さらには公共政策に関する世界トップクラスの大学院を持っています。あぁ、なんという皮肉。

では、なぜシラキュースがこのような「よくない」特徴を持つのでしょうか。この点については、十分にはわかっていません。ただしばしば指摘されるのは、シラキュースが難民の受け入れ都市になっていることです。例えば、この10年で少なくともソマリアやイラクなどからおよそ1万人の難民がシラキュースに来ています。そのほとんどは経済的に豊かではありません。そして、このような難民の受け入れにともない、中級以上の層が教育レベルの低下や治安の悪化を嫌って、郊外に逃げ出していると考えられています。理由は様々ですが、いずれにせよアメリカの中でも深刻な貧困の状況にあるということは事実です。

この事実と関係し、シラキュースの教育状況はよくありません。教育の様子を示す指標はいろいろありますが、わかりやすい指標の1つとしてテストの結果を取り上げます。幸か不幸か、テストの結果はすべてウェブ上で公開されています。2015年のニューヨーク州統一テストの結果を調べたところ、ニューヨーク州が設定した到達目標を達成した児童の割合は、小学4年生の算数では14%、国語ではわずか9%です。シラキュース市の中にある裕福な小学校を含めた数値で、この値です。

学校ごとの結果も公開されています。貧困地区にある小学校のテスト結果を調べてみました。その結果、ニューヨーク州が設定した到達目標を達成したものは「ゼロ」という学校もありました。つまり全校生徒全員がテストを受けて1人も到達目標を達成しなかったということです。基礎学力が著しく不十分だということは、この数値から容易に想像がつくと思います。シラキュースの貧困地区にある公立学校のしんどさは、貧困の状況同様、教育においても、目立っています。

2015年4月、ニューヨーク州教育委員会から、シラキュース市の公立学校34校（小・中・高校）のうち半数以上の18校が、School Receivership（教育長による管理）に選定されました（http://www.syracuse.com/schools/index.ssf/2015/08/meetings_planned_for_parents_at_18_syracuse_schools_in_receivership.html）。成績が低いために州教育委員会・教育長の管理下に置かれたのです。1年もしくは2年以内のうちに、学業成績の向上が見られない場合、ニューヨーク州教育委員会の事務局職員がやってきて、強権的にカリキュラムの改善を求められ、果ては学校の「おとりつぶし」まで行われる可能性があります。実際に、シラキュース地区では公立小学校が閉鎖に追い込まれました。

もちろん、この状況をシラキュース市教育委員会も、手をこまねいているわけではありません。特に成績の低い学校では、朝の8時から16時まで（Pre-Kという年中クラスでも！）授業を行って、成績向上を目指しています。また、教育委員会は、「Say Yes to Education」といった教育プログラムを設定して、様々な支援を行っています。例えば、小中高とシラキュース市の公立学校に在籍したものは、大学の授業料を免除するといった支援を行って、優秀な学生を引き留めようとしています。しかし、それでも、先に挙げたような地域の構造的な問題があり、改善はそう簡単ではありません。

シラキュースの教育を語る意味

アメリカの「負の最先端」とも言えるシラキュースの公立学校を、日本でわざわざ取り上げるのは、どういう意味があるのでしょうか。対岸の火事として取り上げるわけではありません。そうではなく、シラキュースの公教育を語ることが、新自由主義が猛威をふるう日本の近未来を考えるうえで参考になると判断しています。

例えば、日本で話題になっている学校ごとの成績公開がその典型例です。「学校ごとの成績を公開することにより、悪い学校は頑張ったり、淘汰されて、全体の子どもの学力が上がる」という一見、魅力的な言説がしばしば流されます。しかし、この言説の行く末は、すでに先行して行っているシラキュースの現状が教えてくれます。シラキュースを通し、日本の教育を考える契機になると考えています。

第1章　貧困地区の公立学校

教室に入ってこそわかる、子どもたちの息づかい

シラキュースのおかれた状況は概観できました。しかし、この状況の中で暮らす子どもたちの息づかいは、このような概観だけでは十分にはわかりません。実際に、教室に入ってみる必要があります。しかし、意外にも日本人の教育学・心理学研究者による貧困地区の学校レポートは、鈴木（2016）や、教師として厳しい地区の学校に入りレポートした林（2008）の著作をのぞいて、ほとんどありません。

一方、私の場合、シラキュース地区の公立小学校の中でも厳しい状況にある複数の小学校に、継続して入る機会を得ました。いずれもニューヨーク州の統一テストの成績が下位から10％に入る程度の学校です。中には、先に述べた、州が設定した到達目標を達成した子どもがゼロの学校にも入りました。また、娘が貧困地区の小学校に通ったことも、学校の様子を詳し

く知ることにつながりました。継続して教室に入ることで、様々な学年の子どもを見ました。その中で、感じたこと、見えてきたことについて述べます。

学校内の治安

学校は安全なのでしょうか？　読者の中には、いじめや暴力事件が頻発する荒れた学校を想像されているかもしれません。そして、中には窓ガラスが割れ、銃がバンバン発砲され、ドラッグが堂々とやりとりされ……といった危険な学校が思い浮かぶかもしれません。実際、日本人の著者が書いた本では、貧困地区の「公立の小・中・高等学校へ行けば、麻薬・セックス・暴力が蔓延している」（小林 2009）と描かれています。

かく言う私も妄想たくましくこのような学校をイメージしていました。紹介してくれた同僚の先生に、「学校は安全なのか？」と繰り返し尋ねるほど、大変心配しておりました。

……が、少なくとも私が見学した公立小学校を見る限り、このような事実はありませんでした。むしろ逆と言ってもよいでしょう。安全です（ただ「安心」ではありません）。もちろん、行動的に「問題」を示す子どもはいます。しかし、校内で犯罪が多発し、毎日のようにドラッグが売買されるということはありません。この点については、シラキュースやニューヨーク州の貧困地区の公立学校の実情をよく知る複数の日本人からも確認・同意を得ました。

学校内で治安が悪くない理由はシンプルです。警備が厳格だからです。学校内に警備員や、場合によっては警察官が配置されており、何か問題が起こると、子どもをすぐに別室（time out roomとかin-school suspensionと呼ばれる部屋）に連れていきます。場合によっては警察が呼ばれることもあります。行動問題やいじめに対しては、かなり厳格な対応がとられます。実際、衝動的になった子どもは、有無を言わさず、別室に連れていかれる様子を見ました（コラム31頁参照）。

教室に入ってみる

教室に入ってみます。様々な人種の子どもたちがいますし、学校によってもその比率は異なりますが、黒人の子どもたちが多いです。ある学校では9割近くが黒人の子どもたちでした。ラティーノ（ラテンアメリカ系）の子どもたちも多くいます。先述したように、シラキュースは難民を受け入れる地域として指定されていることもあって、ソマリアやスーダン、ネパールなどから逃れてきた子どもたちもいます。ただ、同じ貧困地区の学校でも少し場所がずれると難民の子どもたちはほとんどいません。それでも共通しているのは、白人の子どもの割合が低いことです。

教室に入ります。子どもたちは、私に興味津々です。どの子も人なつっこく、本当にかわいらしいです。そんな中、最初に気になったのは、においです。お風呂に何日も入っていないような特有のにおいを感じました。もちろん、その理由ははっきりとはわかりません。文化的な習慣なのかもしれません。ただ、貧困や親の養育の理由で、お風呂に入る機会が少ない場合もあると考えられます。

そして、授業がいよいよ始まります。ですが、そうすっとは始まりません。

遅刻と朝食

8時30分になって授業が始まります。しかし、開始時点ですでに日本の授業風景と大きく異なります。たくさんの違いが目につくのですが、中でも次の2つが違います。1つは、遅刻が多いこと。もう1つは、授業が始まっているにもかかわらず、教室の中で朝食を食べている子どもがいることです。

ある学校では、朝の8時30分から授業が始まります。しかし、開始時間を越えても急ぐ様子もなく、子どもたちが続々と玄関から入ってきます。親子で学校に来る場合もあるのですが、親も堂々としたもので、世間話をしながら悠々と教室に入ってきます。中には「お、新入りか?」みたいな感じで、私に話しかけてくる親もいます。いや、その、授業が始まっているのですが……。こんな感じですので、当然、授業のリズムは乱れます。

遅刻の件について、玄関前で「見張り」をしている(と言っても、とても優しい用務員さんですが)方に、それとなく「なんでこんなに遅れてくるのですかねぇ?」と聞いてみました。すると「何度も言ってるんだけどねぇ。遅れてくるんだよ。でも8時45分を過ぎると少なくなるよ」とのこと。でも、1時間経過して来る子も少なくありません。時間通りに来るという意識が低いのかもしれません。悪気なく自然に遅れてしまう、そういう雰囲気を受けます。

そして、遅れてきた子どもは、学校から支給されている朝食を食べています。まず朝食が学校で支給されていること自体に驚きます。聞いてみると、私が見学した学校の多くは、8割以上の子どもに、無料の朝食が支給されています。家庭が貧困のため朝食を用意できないのです。希望すれば、貧しくない子どもたちでも朝食は支給されます。しかし、富裕層が暮らす地区にある学校では、朝食の支給率は1割以下です。朝食の支給率と貧困は関連があると考えてよいでしょう。

朝食は、ヨーグルトや牛乳（ジュース、コーヒー牛乳もありました）、リンゴやバナナ、シリアル、ハンバーガーなどです。野菜は少なく、朝から砂糖の入ったものが出ます。朝食時間は8時15分から8時30分です。

話を戻します。遅刻してきた子どもは、どうするのかと言うと……すぐに授業を受けることもありますが、多くの子どもは朝食を食べ始めます。自分の机であったり、教室の後ろのほうで食べたりします。「それでいいの？」「他の子は気にならないの？」と、見ている私のほうが何だかドギマギしてしまいます。でも、「問題ない」様子です。他の子は、授業を聞いたり、授業とは関係のない本を眺めたりしています。誰もこの光景を特別なことだと思っていません。朝食をとっている子をとがめたりしません。先生も注意することなく、普通に授業を進めます。ドギマギしているのは、どうも私1人だけでした。

2年生で足し算がわからない

そんなこんなで気づけば授業は始まっています。2年生の算数を見たときのこと。日本では3学期にあたる5月に見学したときのことです。最初に先生が、復習の意味を込めてドリルを子どもたちに配りました。問題は、「5+8」「12−4」「25+18」「43−18」など繰り上がりのある足し算、引き算です。子どもたちの解く様子を見てみると……できない子が多数います。1人や2人というレベルではありません。また、できている子どもでも指を使って計算している子が少なからずいます。中にはまったくできないので、隣の子の答えを写している子もいます(しかし、その隣の子の答えも間違っているという……)。大まかに言えば、半数の子どもは、この1桁もしくは2桁の計算を十分習得していませんでした。また、1つのクラスだけがこのような特別な状況ではありません。他のクラスや学校でも多かれ少なかれ同じような状況でした。

日本で言えば、この時期(2年生の3学期)は、九九などのかけ算をすでに習得していま す。もちろん個人差はありますが、「25+18」の足し算が難しい子どもは、少ないでしょう。この後、彼らが学年を上がるにつれ、授業についていくことがますます困難になるのが容易に想像できます。

一見、規律が守られているように見えるが……

2年生のクラスを引き続き見学します。授業中は、落ち着きがない子どももいますし、タイムアウト（前出、コラム31頁参照）の部屋に連れていかれる子どももいます。しかし、授業は何とか成立していました。しかし、普段とはまったく授業の様子が異なるときがありました。担任の先生が休み、代替教員が教えたときです。優しそうなのですが、ちょっと押しが弱いなぁと感じる女性の教員でした。

すると途端に、先日まで座っていた子どもたちが動き出します。男の子たち数人が教室の後ろのほうに移動して、余っていた朝食を食べ始めたり、朝食のリンゴを投げたりして遊びます。机をどんどん叩き、大声を出して歌い出します。先生が注意しますが、まったく聞くそぶりがありません。静かにしている子どもも先生の話を聞く様子はありません。ケイティが、携帯電話を触って遊んでいます。そして、悪気なく私にニヤリと笑いながら見せてくれます。私が困った表情を見せると、天真爛漫な笑顔を見せてくれます。そしてさらに困る私。それを見てまた喜ぶケイティ。先生の話をまったく聞いていません。

また、授業中、一部の子どもたちが、ある女の子（ナタリー）をからかいました。手慣れた感じです。そして、ナタリーが激昂して、机をドーンと倒します。それを見て、一部の子どもたちがさらにはやし立てます。ナタリー、なぜか途中からわざとという感じで、ニヤッとしながら今度は椅子を投げ始めます。

ごく一部の子どもだけ、特に女の子が、ノートを出して黙々と勉強に取り組んでいました。ソフィアだけは、この喧噪の中で、教科書を出して黙々と計算問題に取り組んでいます。見ると2桁同士の計算問題もできています。

この騒ぎが20分ほど続きます。収拾がつきません。そうして初めて、別のクラスの先生がやってきて大声で注意します。一瞬静かになりますが、やはりすぐにまたうるさくなります。そして別の体格のしっかりした男の先生が来ます。女の子を別室に連れていきます。他の子どもにも注意しますが、しかし、なかなかおさまりません。文化が違うということも関係していたのかもしれませんが、この雑然とした雰囲気に、大人の私でもぐったりしてしまいました。日本の子どもが入ったら「こわい」と思うでしょう。

こうしてみると、担任の先生の偉大さ（?）がわかります。具体的に明確に指示を出し、そして、流れから少しでも外れた子どもがいたらすぐに注意します。「隙」を見せないのです。だからこそ、子どもたちをコントロールできているのでしょう。逆に言えば、そういう先生がいなくなると、途端に子どもたちの行動がおさまらなくなるのです。先生によって大きく行動や態度が変化する姿に、子どもたちの課題を垣間見た気がしました。

低学力が最大の問題か？

子どもたちの学習の様子を見ると、学力を上げることが急務なように思います。実際、私が見学した貧困地区にある多くの学校では、授業時間を大幅に伸ばして、学力向上をねらっていました。小学1年生から毎日8時30分から16時までの長時間です。しかし、このような低学力対策は重要ですが、学力以上に子どもたちの様子を見ていて、いくつか気になることがありました。大きくは3つあります。

「協調性の難しさ」「言葉の偏り」「考えることの難しさ」という3つです。次章で、「協調性の難しさ」を「体」という切り口から、語ります。

コラム　タイムアウト

タイムアウトとは

日本とアメリカの教室には、同じ部分はありつつも、いろいろな違いがあります。その1つに、問題行動を起こしたときの対応があります。アメリカでは、子どもが問題行動をしたときに、タイムアウトという対応がしばしばとられます。

タイムアウトとは、子どもが「悪い」ことをしたときに、教室や遊んでいる部屋から移動させて、別室に連れていき、なぜ連れていかれたのかを、子どもに説明する指導です。様々なバリエーションがありますが、少なくともアメリカでは、家庭や学校で、一般的なものとされています。

ある公立小学校・通常学級に見学に行ったとき、このタイムアウトを目撃しました。小学校3年生の子どもが、他の子どもにからかわれ、大声を出しました（と言っても耳をふさぐような声ではありません）。行動的・情動的に難しい子どもだそうです。先生が一言二言注意してもおさまりません。すると、先生は、教室の壁にあるボタンをさっと押します。すると、教室に備え付けられたマイクから「何かありましたか?」との声。先生が、「今すぐ来てください」と、その人を呼びます。すると屈強そうな男の人が現れ、その子どもをさっと連れていきました。その子は最初、廊下で大声を出していましたが、結局、別室に連れていかれました。

また、家庭では、タイムアウト用の椅子が用意されているところも多いようです。タイムアウトの時間は、「1歳では1分、2歳では2分、3歳では3分」というのが一般的なようです。かんしゃくを起こしたとき、2歳の子どもであれば、その椅子に2分じっと座って反省(?)するようなしつけです。

その衝撃と長所

このタイムアウトの指導を見て、正直びっくりしました。日本の小学校の多くは、大声を出す子どもがいても、すぐに部屋を連れ出すことはまれでしょう。それに比べ、アメリカは、何ともあっさりしていてびっくりしました。また、他の子どもの手前、そんな簡単に「別室指導」を行ってもいいのか、何だか見ているほうがドギマギしました。

衝撃を受けつつも、タイムアウト指導には、よい点があるなと感じました。まず、先生方が感情的になっていません。興奮している子どもに「やめなさい!」と怒ったり、くどくどお説教を言えば言うほど、子どもは興奮することがよくあります。冷静に対応することで子どもが落ち着くことができます。実際、別室から帰ってきた子どもたちは、落ち着いて再び学習に取り組んでいました。また、他の子どもも、別室に連れていかれた子どもを気にしている様子はありません。日常茶飯事だからなのか、そもそも「人と違う」ことがそれほど気にならないのか、そのあたりはよくわかりませんが、いずれにせよ、その別室に行った子を茶化したり、逆に慰めたりする様子もありませんでした。「私は私、あの子はあの子」という様子でした。

タイムアウトへの違和感

一方で、違和感が残ったのも事実です。1つは、別室にいる間、子どもはどのように反省しているのかがわからないところです。例えば、1歳や2歳の子どもが1分間、2分間椅子に座っているときに反省して、「次からはしないでおこう」と自己コントロールできるでしょうか。むしろ、親から怒られたときはじっとしておかなければならないという他律的な我慢を学ぶように思えます。年齢が高い子どもにおいても、先生に怒られないようにじっとしているだけであれば、本来の目的とは離れた結果になってしまいます。

2つ目は、より本質的な理由です。タイムアウトの指導には対話が欠けているという点です。子どもが自分で気持ちや体をコントロールしていく際、ヴィゴツキーが指摘するように、他者との対話が重要な役割を果たします。友達を叩いてしまう子どもに、「本当はあやまりたかったんだよね」と代弁したり、「なんで叩いたのかな」と理由を尋ねたり、「どうしたかったのかな」と子どもの思いを聞いたり、そして、そのうえで、「次は貸してって言おうね」と合意形成をはかったりするでしょう。また、他の友達が「痛いからやめてほしい」「そういうときもあるよね」という声を聞くことで、踏ん張れる子どももいるでしょう。このような対話を通して自己コントロールが育つやりとりは、日本では大事にされています（例えば、赤木・岡村 2013）。

「問題行動がおさまればどちらでもいいじゃん」という声があるかもしれません。確かに「落ち着く」「じっとする」といった結果は、同じかもしれません。しかし、プロセスが決定的に違います。だとすれば、子どもの中に残るものも違います。私としては、他者との関係性を豊かにしていく中で育つ自己コントロールに、教育の意味があるように感じています。

第2章　貧困地区の子どもの体

貧困地区にある公立小学校に通う子どもたちと遊ぶ機会に恵まれました。小学校2年生の子どもたちです。多くが黒人で、厳しい家庭環境にある子どもたちです。生まれたときの親が2人とも揃っている家庭は1、2割です。とは言え、遊んでいるときは、どの子どもも屈託がなく、本当に可愛いです。子どもが楽しく遊んでいるときの瞳は万国共通ですね。

驚愕の跳躍力

体育館で遊んだときのひとコマを少々。まず、驚かされたのが跳躍力でした。バスケットボールをしているときの男の子のジャンプ力が違います。体の専門家ではないので、感覚的な表現になって恐縮ですが、ジャンプの高さにも驚きましたが、それ以上に、滞空時間や跳ぶ瞬間のスピードが、日本の子どもとはケタ違いです。「おぉ、筋肉がバネみたい」と思わされます。日本の子どもでは表現できない跳躍の姿です。そして、ダンスにもびっくりしました。体育館のステージで音楽がかかると、たくさんの子どもたちの体が自然に動き、リズムを刻み始めます。おぉぉぉ！　なんだこれは！　となって、もう感動！　です。

なわとびができない・長縄ができない

ところが……これだけの跳躍力があり、リズム感もあるのに、日本の子どもに比べ、まったくできないことがありました。なわとびができないのです。

2つの理由から、なわとびができていないように感じました。1つ目は、自分の体の各部を協調させる運動が難しいからです。高く速くジャンプはできるのですが、手で縄を回すスピードとまったく合っていません。当然、1回か2回、せいぜい4、5回しか続けて跳ぶことができません。子どもたちは、何度も繰り返しますが、やっぱりできません。こういうパターンが1人や2人ではありません。10人ほど見ましたが、その8割はほとんど跳べませんでした。

2つ目は、他人と協調する運動が、本当に難しいからです。子どもたちを誘って長縄をやってみました。すべての子どもは長縄を知っており、経験もある様子。とにかく一緒にやりたがります。この食いつき自体、お見せしたいくらいの熱量です。しかし、まったく続きません。合計30回はしたと思いますが、最長記録は1回です！　残りは0回で終わりました。

続かない理由はいくつかあります。多いのが、縄をちゃんと見ないで、すぐに思い切りジャンプしてしまうというもの。ジャンプの高さはすごいのですが、タイミングが合わないので縄にひっかかってしまいます。先にも述べたように、個人内の協調ができません。

それだけではありません。縄を回す子どものほうにも問題がありました。長縄の場合、回し手2人がタイミングよく縄を回す必要があるのですが、それができないのです。かけ声はするものの、息が合いません。たいてい、どちらかの気がせいてしまい、縄がきれいに回りません。さらには、タイミングがズレすぎて、持っていた縄を離してしまう子どももいました。

加えて、跳ぶ子どもたちも、一緒に合わせて跳ぶという意識がまったくと言ってよいほどありません。ですので、運よく縄が回っても、子どもたちはバラバラで跳ぶので、確実に誰かがひっかかります。皆で跳べる気配がありませんでした。さらに、なわとびをしていない子どもたちが突然乱入してくるのです。「いや、ちょっと待てよ！　今、入ってきたらあかんやん！」と言いたくて、こちらは「ノー！」（語彙不足……）と言うのですが、懲りません。何度も誰かが途中で入ろうとしてきます。当然、中で跳ぼうとしていた子どもがイライラします。結果、つかみ合いになりそうなこともありました。学力の問題よりも驚きました。あれだけ跳べる子どもたちなのに、なわとびができないのですから。

自分の体を協調させる経験の不足・他人と協調する経験の不足

このような協調の難しさは、どこから来ているのでしょうか。単純に体力不足でないのは明らかです。繰り返しになりますが、彼らの跳躍力にはほれぼれするほどでしたから。具体的には2つの問題があります。

1つ目は、体づくりそのものの問題です。自分の体を協力させて運動する経験が絶対的に不足しています。力一杯跳ぶことや、思いっきり縄を回すことはできても、その2つの動作を協力させることができていません。

2つ目は、体づくりにとどまらない問題です。日本的に表現すれば、日々の生活の中で「息を合わせる」ことが少ないのです。このことをある1人の女の子（ソフィア）から学びました。ソフィアは唯一、長縄とびを1人で跳んだとき、10回以上成功した子どもでした。彼女の跳び方は、他の子どもとは明らかに違いました。縄の回し手をよく見たうえで跳んでいるのです。回し手とシンクロしているように跳んでいました。日本では普通のことかもしれません。でも、この体育館で見たときは、そのシンクロ具合がきれいで、感動！　でした。

不思議に思い、ソフィアに、ストーカーにならない程度に接近して彼女の様子を観察しました。なるほどと思いました。彼女は私とかかわってすぐに、ゆっくりはっきり私と話すようになりました。私の話す英語を聞いて、「こいつダメだ。わかってない」と思ったのでしょう。私にわかるように話し方を変えたのです。意識的か無意識的かまでは判断できませんでしたが、他人をよく見ています。他の子どもは、私に話しかけるときも変化はありません。ソフィアだけが、相手に応じてコミュニケーションを意識的に変化させていました。このことは、なわとびの「相手を見て自分の動きを調節する」ことと同じですよね。すごい！　と思うと同時に、ソフィアがすごいと思うくらい、他の子どもたちは、「息を合わせる」「相手に合わせる」ことに難しさがありました。

協調なんていらないのかもしれない。でも……

彼らはとても屈託がなく、また優しい面がたくさんありました。それに、彼らなりの「我」の通し方は、ある意味、気持ちがよいところもあります。少なくない日本の子どもたちが「空気を読まなければいけない」という同調圧力に苦しんでいるのを見れば、これでいいのかもしれません。でも、やはり、このままでは……とも思います。

このままでは、子ども同士で何かを作り上げることは難しいでしょうし、その協力から得られる独特の感情を味わうことは難しいでしょう。何より、激烈な格差社会の中で、彼らが生き抜いていくには、他者と協力することが必要です。1人では貧困の波に飲み込まれてしまうでしょう。そういう意味で、「たかがなわとび」とは私にはどうしても思えませんでした。彼らが生き抜いていく基礎として、他人の体と協調していく能力をつけ、その心地良さを味わわせたいなと思います（私には何もできないのですが……）。

貧困地区にある学校は、学力向上を急務としています。そのため、どこの学校も、学習に力を入れています。幼稚園から、遊びそっちのけで、数や文字を教えます。小学校1年生から、

8時30分から16時を越えてまで学校で学び続けます。その意味もわかるつもりです。でも、学力を伸ばすことも大事ですが、それ以上に、社会の中で生き抜いていく、協調性こそが大事なのではと強く感じました。

第3章　貧困地区で暮らす子どもの言葉と思考

言葉の偏り

子どもたちの言葉が特徴的でした。私の拙い英語力ゆえすべては聞き取れないこともありましたが、それでもいくつか、特徴的なことを感じました。

その1つは、言葉の偏りです。Pre-K（年中）の子どもたちと、外で一緒に自由遊びをしたときのことです。子どもたちからは、I will kill you.（殺すぞ）、I will punch you.（パンチするぞ）、Go to jail.（刑務所へ行け）、I will shoot you.（撃つぞ）、I hate you.（大キライだ）などの言葉が頻繁に飛び交います。それも重みのある言葉ではありません。友達に「ちょっとやめてよ」という状況のときに、「やめてよ」ではなく「Go to jail」が使われるのです。幼児期は、生活の中から言葉が生まれます。日常生活の中で、もっと言えば家庭の中で、このような言葉が頻繁に飛び交っているのでしょう。実際に刑務所に行っている親御さんもいたり、家でホラー映画を見せている親御さんもいるとのこと。

これだけ聞くと単に言葉づかいだけの問題でもありますが、そうとは私には思えません。「うれしい」「かなしい」「いやだ」といった自分の感情の言葉を使う前に、Go to jail. I will shoot you. I hate you.といった言葉が、その重みを意識することなく、使われてしまうのです。こういう言葉が飛び交う中で、自分で自分の感情を自覚したり、様々な背景をもつ他者と気持ちよく交流できるとは思えません。

また、自分の感情を言葉にする力が弱いことも印象に残りました。2年生の女の子が他の子どもにからかわれたとき、机を倒したり、椅子を投げたことを先に書きました。そのとき、言葉が出ませんでした。普通であれば「やめて」とか、場合によっては「Go to jail」など言葉が出るかもしれません。しかし、このときは、言葉もなく、カッとなった瞬間に机がドーンと倒されました。その突然さにびっくりしました。感情と行動の間に、言葉が入ってこないのです。

「言葉の偏り」「感情と行動の間に言葉が入らない」ことの背景には何があるのか、私のフィールドワークだけでは十分に把握することができませんでした。ですので、ここからは推測になりますが、原因としてはシンプルなことを想定しています。「生活の中で丁寧な言葉を使う機会が多くない」「感情にあった言葉を添えてもらうことが少ない」の2つです。

子どもたちがこれまでの生活の中で、自分の言葉にならない言葉を、「ああなの？　こうなの?」と想像してもらったり、「今、悲しかったんだね」とか「イヤやったんだよね」と自分の感情に言葉を添えてもらって「そうそう」と納得する経験が少なかったのかもしれません。自分の感情を言葉で、自分だけで対象化するのは、そう簡単なことではありません。大人が、子どもの言葉にならない言葉を一緒に探していく過程で、子どもが言葉をわがものにできるようになるのではないかと思います。

協調性の弱さ

子ども同士のつながる力が全体的に弱いように感じました。前章では、長縄が跳べない2年生の子どもたちのことを書きましたが、幼児期についても同じことが言えます。年長児が30分ほど自由遊びをする様子を見ました。皆、とても楽しそうに遊んでいます。先生は近くで見ているだけで一緒に遊ぶ様子はありません。みんなで遊んでいるとは言いつつも、基本は、子どもそれぞれが自由に遊んでいます。ブランコに乗ったり、シーソーをしたり、追いかけっこをしたりして思い思いに遊びます。ナタリーやジェイド(いずれも年中)は、私と追いかけっこをしたくてたまりません。私が、「待って~」と言いながら追いかけるふりをすると、うれしそうに逃げ回ります。しかし、皆で遊ぶ様子にはなかなかつながりません。誰か1人鬼になって、皆で逃げるという鬼ごっこの形にならないのです。どうしても「自分が逃げたい」「カズ(私)に追いかけてほしい」「私を捕まえてごらん!」というような私との関係に終始します。

もちろん、年中児ですので、まだ組織だったルール遊びは難しいでしょう。しかし、大人が入れば、その萌芽（少しだけでもルール遊びが続く）は見られてもいいようなものなのですが、結局、個々バラバラな遊びで終わっていました。

このような姿についても、確定的な理由を述べることは難しいです。ただ、後で述べるように、テストの点数を上げることが重視されるために、みんなで一緒に遊ぶような活動が軽視されていると考えられます。

ちなみにいわゆるエリート層の子どもが通う地域では、逆にルール遊びが重視されていますし、つながりを象徴するcommunity（コミュニティ）という言葉が、会話や活動の中でたびたび出てくるなど、遊びの様子は大きく変わります。

考えることの難しさ

3つ目は、考えることへの耐性の少なさです。怖い先生がいると子どもたちは、じっとして勉強に集中して座ることができます（このへんは日本も同じですね）。また、暗記するような学習や計算問題など反復的な問題も何とか取り組みます。しかし、彼らは「考える」ことに大きな困難を抱えています。覚えることはできても、推測・推理したり、自分の行為の理由を言葉にして説明するような考える力の弱さが見られました。

小学3年生の理科の授業を見学したときのことです。実習に来ていた学生さんが、ビーカーやスポンジ、天秤を持ってきて、実験を子どもたちに見せていました。色水がスポンジに吸い込まれていく様子は面白く、子どもたちは楽しそうに見ています。その後、実習生が子どもたちに、水のしみ込んだスポンジと、そうでないスポンジを見せて、「どちらが重いかな？　その理由は？」といった質問をしました。ただ、実習生さんの質問が曖昧なため、私にはわかりにくく感じました。

すると、途端に子どもたちは、落ち着きをなくし、話し始めたり、プリントに落書きを始めます。授業に集中できなくなります。日本の子どもでも、わかりにくい質問の場合、やる気をなくすのは同じです。ただ、それでも、少しでも考えよう、食いつこうとするでしょう。考えるということへの耐性がもう少しあるように思います。ところが、私が見たクラスの子どもたちは、「はや！」とツッコミを入れたくなるくらいに落ち着きがなくなりました。わからないことについて頭をひねって考えるという耐性が低いように感じました。考えることの楽しさを十分に保障されてきたのだろうか？　と考えてしまいます。

低学力以上に深刻なもの

公立小学校の子どもたちの様子を見てきました。やはり一番目につくのは、低学力です。小学校2年生の終わりで、8＋5ができない子が続出することは、日本では考えられないことでしょう。

しかし、子どもたちとかかわる中で、低学力よりも、低学力の根っこにあるものがとても気になってきました。他の子どもと「息を合わせる」ような協調性であったり、言葉の少なさや語彙の偏り、考えることへの耐性のなさ……学力の根っこにあたる発達が貧しいままでは、学力向上はとても望めませんし、学力とは関係なく、彼らが生きていくうえでも困難を抱えるでしょう。

では、学力の根っこの部分を育てる幼児教育はどのようになっているのでしょうか。驚くべき状況でした。「遊び」がないのです。

第4章　遊びが消える幼児教育

幼児教育（年長クラス）の様子を見る機会がありました。シラキュースでは、年長クラスの教室は小学校と同じ建物の中に設置されています。今回見た年長クラスは、成績はニューヨーク州で下位10％に入る学校であり、学校で朝食が支給される率がおよそ90％（親が朝食を準備できるだけのゆとりや収入がない）という、学力的・経済的に厳しい公立小学校に併設されていました。様々な違いがあり、書き始めるときりがないのですが、特に2点、印象に残りました。

信じがたい現実

1つ目に驚いたことは、遊びの時間が少ないことです。幼稚園に8時30分前に来て、16時すぎまで長時間います。その間、ほとんどは、算数、国語、理科、社会の学習です。文字を習ったり、計算をしたり、理科・社会を学びます。基本的に、1年生の内容が幼稚園におりてきたと思ってもらえれば問題ありません。遊びの時間は、日課を確認したところ、40分！　ほんまかいなと思って、実際にこの地区の公立幼稚園で働いている先生に確認しましたが、その通りとのこと。さらに言えば、年少・年中でも同様に遊びの時間はかなり少なく、文字や数を教える時間がたくさんとられているとのことです。年長だけではなく幼児教育全体の傾向としてとらえられます。

また、遊ぶ時間が少ないだけではなく、先生と子どもが体を使って遊ぶこともそれほど多くないように感じました。というのも、少なくない先生の服装がスカートにハイヒール。これでは、子どもと体を使って遊ぶのは難しいですよね。

2つ目に驚いたのは、子どもの学習の成果を積極的に評価し、公開していることです。例えば、廊下には、「circle（円）」や「triangle（三角形）」などと文字を添えられた子どもの絵が、ずらっと貼り出されています。そして、それに対して、「3」とか「4」など教師による評価が堂々と書き込まれているのです。どのようなプロセスで描いたのかを評価されていることから、一定の配慮はなされていると思いますが、それを差し引いても、誰もが確認できる形で評価がなされることにはびっくりしました。

この2点はいずれも、学力を上げる試みです。子どもの学力向上の度合いで、学校の評価が決まります。最悪のストーリーは学校の「おとりつぶし」です。だからこそ必死に学力向上を意図して、学習時間を長くし、かつ、評価も競争的になるのでしょう。すご～く平たく言えば「早くからたくさん勉強させ、競争させれば賢くなる」やり方です。

もちろん、このような大人の事情だけではなく、子どものことを思ってのことだとも思います。小学校に入って学習がつまずかないようにという配慮があるのでしょう。特に学力が下位にある地区では、家庭学習は望みにくいです。ならばなお一層、学校で勉強をすることを重視するのでしょう。

貧困地区の子どもの家庭環境は厳しいものがあります。例えば、ある年中児クラスでは、18名の子どものうち、生まれたときの親が2人とも揃っている家庭は「ゼロ」だそうです。また、父親から「今から母が迎えに行くと思うが絶対に子どもを渡してはいけない。彼女は虐待を繰り返しているから」という緊急の電話が入ったりするなど、ネグレクトを含む虐待が多いとのこと。また、ごっこ遊びに特徴があります。jail（刑務所）やgun（銃）が頻繁に出てくるごっこ遊び、放送禁止用語を使ったごっこ遊びなどが日常です。「ごっこ遊びは生活の鏡」と言われることからもわかるように、家庭では、大人が日常的に、暴力的なテレビを見たり、酷い言葉を使う中で育っているのかもしれません。

教育をおかしくする構造

このように、貧困家庭で育つ子どもの姿を知れば知るほど、「今のうちに学力を」となるのだと思います。その意図はわからないではありません。しかし、2つの意味で、決定的な過ちを犯していると思います。

1つ目は、「早いうちからたくさん読み書き算数を教えれば学力は上がる」という短絡的な発想の過ちです。これまで多くの研究や実践が証明してきたように、学力は「早くたくさん」教えれば上がるという直線的なものではありません。ヴィゴツキーが指摘しているように、生活概念の発達途上にある幼児期の場合、むしろ遊びの中で、学力の基礎となる想像力、自己抑制、抽象的な物事を学びます。今の彼らに足りないのは、学力ではありません。良質な遊びです。誰かを殺す、誰かが逮捕されるごっこ遊びではなく、先生が一緒になって遊び、これまで子どもたちが考えたことのない、感じたことのない心地よい、快の感情を耕していく遊びがもっともっと必要です。

2つ目は、そもそもこのような幼稚園での生活が幸せなのかということです。子どもは「遊びをせんとや生まれけむ」です。刑務所ごっこ以外の遊び方を伝えることは、学力うんぬんの議論抜きに、彼らの幸せのあり方を考えるうえで、何にも増して大事なことではないでしょうか。

……ということで、低学力・貧困地区にある公的な幼児教育は、間違った方向に進んでいるのではないか、と感じざるを得ませんでした。私が見た範囲は非常に限られています。そのうえでとなりますが、もしこれがアメリカ全体の流れであれば、アメリカの公教育の未来は暗いです。

何だか学校批判のようになってしまいました。一面はそうですが、しかし、学校批判が目的ではありません。なぜなら、薄々関係者も「これはよくないな」と思っているはずだからです。でも、そう思っていてもこうせざるを得ないのでしょう。学力テストの結果が、即座にウェブ上に貼り出され、自分たちの仕事が評価されます。「テスト以外に大事なことがある」「数年のスパンで子どもたちの育ちを見てください」という言い分は通じませんし、保護者にも理解されにくいでしょう。そもそも、このような主張を理解してくれるような保護者は、たいてい子どもを私立や高級住宅街に位置する公立校に通わせています。「学校間でオープンに競争させれば、教育はよくなる」という一見、わかりやすく、反論しにくい土俵の中で、教師は頑張らざるを得ないのです。そして、その結果、このように短絡的・直線的な教育が行われ、最終的に子どもの発達の土台が突き崩されています。

結果、貧困地区にある子どもたちは、アメリカンドリームをかなえることはないまま、貧困の再生産のサイクルにからめとられるのだと思います。アメリカンドリームという現実的には引き当てることのできない幻想を信じたまま、です。

この状況は、対岸の火事ではありません。教育に限らず、「自由に競争し、『明確』な評価を行い、それを広く公開すれば、皆が頑張るようになって、○○がよくなる（そして評価が悪ければ、自己責任として処罰を受けても仕方がない）」という主張が、日本の中で、ときに急激に、ときにじわじわと勢いをもってきています。しかし、結果として、それはしんどい環境にある子どもや人々をよりしんどくすることにつながります。得をするのはごく一部の者だけです。待っているのは、公共の破壊です。

私たちが、私たちの子どもをどう育てるかが改めて問われています。そして、体感的には、もう引き返せないところまで状況が迫っているような気がしてなりません。

第5章　チャータースクールの光と影

ハーレムを歩く

10月上旬に、ニューヨーク市在住（当時）の教育学者であり、『崩壊するアメリカの公教育』（岩波書店）の著者である鈴木大裕さんにお会いする機会がありました。

初対面にもかかわらず、鈴木さんのお宅に泊めていただくという非常識さをいかんなく発揮し、さらには地元民ぞ知るニューヨークの街を案内していただきました。豪華なコロンビア大学に仰天し、そして、そのすぐ隣にある「数年前まではドラッグ用の注射器がゴロゴロ落ちていて、昼間でさえ公園を横断することができなかったんですよ」という公園をドキドキしながら歩き（今は安全だそう）、ハーレムも案内していただきました。黒人の住民が多く、かつ貧困地区でもある、あのハーレムです。

様々なことが衝撃でした。例えば、通りを歩いていたときのことです。近くでフラフラしていた大柄の黒人の男性が、2、3歩私のほうに近づいてきて、何やら言いながら、私の胸のあたりに、突如こぶしを突き出してきたのです。「ノノノノォウゥ！」と心の中で叫びます。これはヤバイ！　と思ったのですが、鈴木さんが、こぶしをちょんと突き出してにこやかに挨拶されました。鈴木さんによると、このあたりの名物おじさんとのこと。ビビりました。

1つの建物に3つの学校

しかし、その名物おじさんが吹っ飛ぶくらい、頭がクラクラしたことがありました。ハーレムの中にある小学校を見せてもらったときのことです。1階の窓すべてに鉄格子がはめられています。これはどこの学校もそうしなければいけないそうです。さらに鈴木さんが説明してくれます。「この建物の中には3つの学校が入っている」そうです。まず1つの建物の中に、3つの学校があること自体驚きですが、そこは納得することにします。鈴木さんは続けます。「1つは公立小学校で、他の2つは中学校」。なるほど、フムフム、うん？　え？　あれ？　小学校はともかく、中学校が同じ建物に2つ？

2つの中学校のうち1つは、チャータースクールです。チャータースクールは日本ではなじみがないのですが、大雑把に言えば「公設民営」の学校です。基本的な運営資金は税金が投入され、運営は企業やNPOなど民間が行います。

チャータースクールが設立されるようになったきっかけの1つは、「公立学校では、組合が強く、能力の低い教員がいつまでものさばっている。そのため子どもたちの成績が上がらない」「同じような教育ばかりで個性がない」「民間の競争原理を取り入れよう。保護者が学校を選択できるようにし、学校同士を自由に競争させれば、結果としてみんなハッピーになるんだよ」という一部の政治家や世論です。もっとも、このような流れとは別に、マイノリティや移民などのニーズに応えようとして設立される流れもありました。チャータースクールの成績は、公立学校よりよい場合もあるようで、教育の「光」として報道されることもあるようです（実際には、懐疑的な意見も多くあります）。

話を戻します。2つの中学校が同じ建物の中に入っているのです。さらに、この建物から徒歩30秒のところに、もう1つ公立小学校があります。

ニューヨーク市では、保護者は複数の学校から選ぶことができます。となると、通わせる保護者はもちろん、教師も子どもも、どうしても比較してしまいます。そして、比較したら最後、保護者としては「ええほう」に行かせたくなりますよね。学校や教員を、まさにむき出しの形で競争させるのです。アメリカ人は、このような形の競争を本当に望んでいるのでしょうか。

衝撃は続きます。3つの学校がある建物には当然、運動場や音楽室があります。しかし、公立小学校の子どもたちは、運動場や音楽室を使うことができません。人数が少ないので、運動場や音楽室の使用権がないとのこと。皆さん、理解できますか⁉

同じ建物ですので、中学校の子どもが歌う声や運動場で遊ぶ声を、公立小学校の子どもたちは、当然、見たり聞いたりします。子どもたちはどんな気持ちなのでしょう。「学校を選択できるようにし、評価を徹底し、学校同士を自由に競争させれば、結果としてみんなハッピーになるんだよ」という結果は、こういうことなのでしょうか。

チャータースクールの真実

ただ、皆さんの中には「じゃあ、みんなチャータースクールに行けばいいじゃん。だって親は自由に選択できるんでしょ」と思う方もいるかもしれません。確かに一理あります。聞いてみると、「入学試験はなく抽選」「授業料も無料」だそうです。よいことです。それにチャータースクールのほうが成績がよい場合もあります。

しかし、からくりがあるそうです。学力が低い子どもの場合、難癖をつけて何度も親を呼び出し、退学にもっていくことがあるそうです。厳しい家庭の親ほど、平日の昼間に何度も学校に行く余裕などありません。あえてそういう対応をするのだそうです。そうして「成績が上がる子ども」「宿題を見るなど、親が子どもの教育にしっかりとかかわれる家庭の子ども」だけが学校に残れるようになっているそうです。

さらに、障害のある子どもに一番の矛盾がいきます。２０１５年に出た『Practicing Disability Studies in Education』という本の中で、チャータースクールの割合がおよそ70％も占めるニューオーリンズの状況について詳しく紹介されています。この州では、障害のある子どもは、「うちは受け入れるスタッフがいない」「他にもっとよいところがある」などの理由をつけられて、チャータースクールに入ることができないそうです。学校側にとっては、学校全体の成績を下げ、コストもかかる子どもたちを入れたくないというのが本音です。そして、障害児の親が、この件に関して裁判をおこしたのですが、チャータースクール側に非がない（！）という判決が出ました。

「選択の自由」が標榜されているにもかかわらず、貧困家庭の子どもたちや、障害のある子どもたちは、選択の余地がない状況に追い込まれ、結果として、教育格差が広がっています。

「親が学校を選択できるようにし、学校同士を自由に競争させれば、結果としてみんなハッピーになるんだよ」というフレーズを、どこかの国のどこかの政治家も同じように威勢よく言っていますよね。その末路を、アメリカのチャータースクールの広がりに学ぶことができます。これが、私たちの子どもを育てる健全な社会だとはどうしても私には思えません。

第6章　日本との違い——子どもではなく教師・教育

日米比較：子どもは「同じ」、教師・教育が「違う」

厳しい地区で暮らす子どもたちの様子を書いてきて、気づいたことがあります。それは、日本で虐待を受けた子どもや、厳しい経済的状況・家庭環境にいる子どもとそう大きな違いはないということです。もちろん、「コカイン」とか「刑務所」などの言葉はそうないかもしれません。しかし、低学力や、言葉の力の弱さといったことは、共通しているでしょう。そういう意味で、厳しい環境に置かれた子どものしんどさというのは、実は、案外、普遍的なのかもしれません。

しかし、子どもに対する教育的なアプローチは、日米で相当程度異なります。具体的には2点あります。

1点目は、教師の質が異なることです。日本の公立学校においては、貧困地区の学校であれ、富裕地区であれ、教師の質に違いはありません。個人差はもちろんありますが、おしなべて見た場合、教師の質に違いはないでしょう。日本には広域人事制度と言って、教職員を適正に、つまり、地域に偏りなく配置し、定期的に人事交流を行うシステムがあります。ところが、アメリカの場合、貧困地区の学区と裕福な地区の学区間で教員の異動はありません。優秀な教員はよりよい条件を求めて、裕福な地区に異動する傾向にあります。結果として、地区によって教師の質に違いが生まれてしまいます。学校外で熱心に学んで、資格を取るなどした教師は、教育条件のよい裕福な地区に異動しますし、場合によっては私立学校に異動します。逆にそうしない教師は、教育条件が厳しい学校に居続けます。

スナックとコーラ

貧困地区の学校を訪問した初日に驚いたことがあります。先生が教室の中でスナックやコーラ、ジュース（しかもデカい！）を子どもの前で、飲んだり食べたりしていることです。とにかくびっくりです。もっとも、学区によっては、これは「ありえない」ことらしいので、一部の実態なのかもしれません。「子どもの前で示しがつかない」というように、批判するのは簡単ですが、先生方とこの件についてはディスカッションできていないこともあり、理由は何とも言えません。でもとにかく衝撃でした。

さらに、幼児に「昼寝をしたらチョコをあげるから早く寝なさい」といった信じられない指導を、貧困地区の幼稚園で見ました。もちろん、ごくごく一部だと信じたいです。とは言え、貧困地区では、「できたらご褒美にシールをあげる」「シールが数枚たまればビデオゲームができる」「悪いことしたらお仕置き部屋」といった、直線的な賞罰による教育がしばしば見られました。一方、富裕地区の学校では、教育内容を改善する中で、子どもの参加の度合いを高めようとします。このように教師の質の格差まであるところに、日米の違いがあり、かつアメリカのしんどさを見ることができます。

2点目は、教育方針の違いです。アメリカでは、早期から「成績」「学校評価」を意識した教育が行われています。日本とは比べ物になりません。前述したように、就学前から算数や国語が教えられます。成績を少しでも上げるためです。また、「今日の出席率」がクラスごとに廊下に掲示されている学校もありました。学校評価の一つになるからです。教師や保護者にプレッシャーがかかります。当然「遊び」は軽視されます。成績と関係ないからです。4歳児クラスにおいて、1日の中で遊びの時間は数十分のみ、場合によってはそれさえない場合もあります。さらに、優秀な成績をとった子どもの成績は、廊下に貼り出されていますし、教室によっては、一人ひとりの子どもの絵や作文が「1」とか「2」といった評価とともに貼り出されている場合もありました。ここまで「成績」「学校評価」にこだわっていることに、何だかしんどくなってしまいました。日本では、公立幼稚園が、ここまで遊びを制限し、学習に特化するカリキュラムを組むことはないでしょう。むしろ遊びや社会性を重視する中で、子どもの発達を豊かにしようという価値観は、富裕層であれ貧困層であれ、共有できます。

この違いが、のちの子どもの発達にどう影響していくのか、簡単には判断できません。でも、チョコやシールで子どもをコントロールし、短期的な成績だけに目が行く学校や教師。そして夢中になって遊び込んだ経験の乏しい子どもが、格差社会の中で幸せに生きていくイメージが私にはなかなか想像できません。むしろ、「よかれ」と思って行われているアメリカの教育が、さらに格差を固定し、広げていくと感じます。

単純にアメリカを批判できない

ただ、単純に「アメリカの公教育は崩壊している」と外から批判することは、日本はできないと思います。その理由は2つあります。

1つ目は、アメリカは難民の子どもたちを受け入れているからです。公立小学校は、貧困家庭の子どもだけが通うわけではありません。難民などの理由で、英語が第一言語でない子どもも多く通っています（その多くが経済的には厳しいわけですが）。実際、ある学校では約100名の子どもが、ESLクラス（英語を第二言語として学ぶクラス）に通っていました。アメリカは、善意だけで難民を受け入れているわけではないでしょう。しかし、それでも、こうして、様々な事情を持つ多くの子どもたちに無償で教育を提供し、子どもの発達を保障しようとしています。

一方、日本は、まったくと言っていいほど難民を受け入れていません。法務省の調査によれば、2015年の日本の難民申請者は7586人、そのうち認定されたのがわずか27人です（これでも前年より16人増加したそうです）。難民に代表される外国籍の子どもの受け入れが少ないために、学校の教育の質が守られている部分もあります。難民に対して極端に閉鎖的なわが国が、一方的にアメリカの教育を批判することはできません。

2つ目は、何より日本も貧困の状況が年々、厳しくなっているからです。貧困を測る指標には様々なものがありますが、例えば、厚労省の2012年の調査では、18歳未満の子どもの貧困率は16・3％と過去最悪を更新しています。また、ひとり親世帯の貧困率はOECD諸国の中で最悪となっています。とてもではありませんが、対岸の火事ではありません。それでも、日本では今のところ、教師の質が地区や学校によって差があるわけではありません。そのため、このような驚くべき状況は生まれていません。しかし、もしこの状況で、アメリカのように、学校経営に徹底した「説明責任」や、それにともなう「処罰」が取り入れられた場合、厳しい地区の学校は、もう今の原形をとどめないくらい大変な状況に追い込まれるでしょう。

テストが王様、先生が家来、子どもが奴隷

私が見学した貧困地区の学校では、ソーシャルワーカーやスクールカウンセラーなど、教師

以外の様々な職種の人が働いていました。作業療法士が、子どもの感覚や体に注目しながら、幼児を相手に、専門的な授業をしていることもありました。多職種が学校の中で日常的に子どもにかかわる姿は、日本ではなかなか見られないですし、学ぶべき部分は多いです。他にも音楽室にドラムセットが置いてあったり、教室内で自由にインターネットやパソコン、プロジェクターが使えるといったＩＣＴ（Information and Communication Technology）化が進んでいるなど、日本が見習うべき部分もたくさんあります。

その一方で、この公教育の格差にはただただ驚くばかりでした。正直言えば、アメリカには「これぞアメリカ」という「自由さ」「おおらかさ」があるのではと思っていたのですが、もうそのような良さは、少なくとも貧困地区の学校から感じることはできませんでした。表層的なテストの数字にこだわって、学校も先生も子どももがんじがらめになっています。少々手厳しい表現を使えば「テストが王様、先生が家来、子どもが奴隷」です。テストという数字へのこだわり方が、ある意味、「日本より日本らしい」雰囲気が印象的でした。

補章　アメリカ公教育の底力――トランスファー・ハイスクール

　これまでの内容からもわかるように、私はアメリカの公教育に対して批判的なスタンスをとっています。

　しかし、経済的に厳しい状況の中で、子どもや青年の学ぶ権利をしっかりと保障しようとする学校に出会いました。アメリカ公教育に対するイメージがいい意味で変わりました。ニューヨーク市にあるHarlem Renaissance High School（ハーレム・ルネッサンス・ハイスクール）というトランスファー・ハイスクールです（ニューヨーク市教育局による紹介はhttp://schools.nyc.gov/ChoicesEnrollment/SpecialPrograms/AlternativesHS/TransferHS/default.htmを参照）。

トランスファー・ハイスクールとは

　トランスファー・ハイスクールとは、高校を中退した生徒たちを対象とする高校のことを指します。「再スタート」を切るための学校と言ってよいでしょう。日本で言えば、定時制の高校に近いです。生徒の中には、ドラッグにはまっていたり、刑務所に収容されていたり、虐待を受けたり、様々な困難を抱えています。ドラッグを友達に売りに来る生徒もいるとのことです。また、同時に障害のある生徒も多いとのことです。ＩＥＰ（個別教育プログラム：学校側は障害児に対してＩＥＰの作成が義務づけられている）を持っていたのは、全生徒の４割近くいるそうです。「ドラッグ」「刑務所」という言葉を事前に聞いていたので、正直言うと、訪問前は、怖かったのを覚えています。

しかし、行ってみると、騒がしくて手がつけられないとか、危険を感じることはまったくありませんでした（校舎に入ってすぐに警察官が常駐していましたが、これは他の多くの学校でも同じです）。明るい生徒、おとなしい生徒、よくしゃべる生徒、無気力な生徒、様々な生徒が学んでいました。

高校の中の保育園

一番の衝撃は、高校の中に保育園があったことです。最初はなぜ保育園が併設されているのか意味がわかりませんでした。校長先生の説明を聞いて合点がいきました。子どもを産んだ生徒も高校に通えることを保障するためです。早速、保育室に入らせてもらいました。

０歳から３歳までの子どもを預かっており、親はすべて高校生です。他の高校の生徒も利用できます。子どもの定員は18名、現在は11名が利用しているとのこと。黒人の子どもがほとんどで、1、2名が白人もしくはラティーノの子どもでした。部屋は4つあり、広々としています。遊具も本格的でした（写真参照）。

スタッフは、幼児教育の免許を持った教員が2名。さらにTA（ティーチングアシスタント）が5、6名働いています。子どもに応じて、個別指導計画も作っているとのこと。理由を聞くと、子どもの発達はそれぞれ違うから当然よね、と言われて、何だかタジタジでした。保育もゆったりとした雰囲気で、子どもたちの笑顔が絶えませんでした。保育だけではありません。高校生への親教育や家族サポートも実施しているようです。各クラスに1人いるソーシャルワーカーと協力しながらプログラムを組んでいるそうです。

以上を見た限り、「一時預かり」や「託児室」というレベルではありませんでした。保育という専門性に裏打ちされた立派な「保育園」です。それが高校の中に、しかも、いったんはドロップアウトした高校生のために設

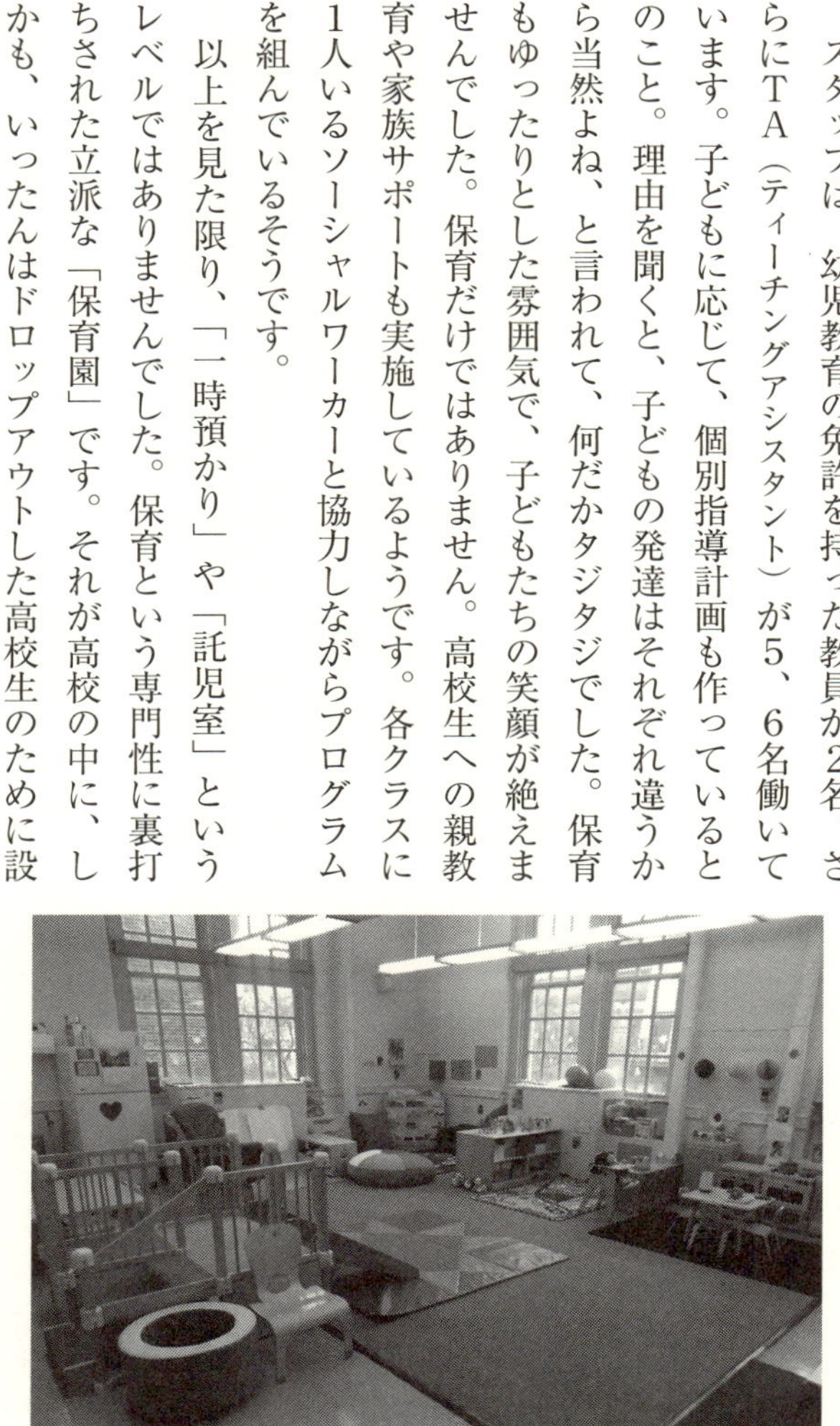

高校の中にある保育室

置されているのです。しかも、無料です。

日本とは大きな違いです。日本では、子どもを産んだ高校生に対するまなざしは厳しいものがあります。染谷（2004）が指摘しているように、高校生で出産した場合、学業継続は非常に困難をともないます。親のサポートがなければ、学業を継続することは絶望的でしょう。アメリカとの違いを強く感じました。日本の状況は不思議ですね。若者の子育て意識を高めようと、高校生に対し、「赤ちゃんふれあい体験」なる活動が盛んなのに、いざ当事者が赤ちゃんを産むと、高校から（結果として）その当事者を排除しようとするわけですから。

保育園を設置する哲学

保育園、すごく素敵でしたが、やっぱり不思議です。日本人の中には、「自己責任で子どもを産んだのに、なぜ、専門性の高い保育園をつくったりするのだ。そこまでしてお金をかけてまで、なぜ面倒を見るのだ。親に見てもらえばいいし、それができないなら、高校に行かせなくていいじゃないか。繰り返すが自己責任でしょ」という意見もあるでしょう。

そこで、保育園の先生や校長先生に、保育園を設置する理由を聞いてみました。３つの回答を得ることができました。

１つ目は文化的な背景です。たとえば、ラティーノの文化では、ティーンのときに子どもを産むことが、他の文化に比べて一般的であるとのこと。だから、それをサポートすることは必要だという認識をもたれていました。賛成するかどうかは別にして、その文化に共感する必要があるという認識です。

2つ目は、青年に対する寛容さです。日本では、「子どもを産んだ女子生徒が、高校に通うことは簡単ではない。学校の中に保育園など当然ない」ことを伝えると、「誰でもちょっとした回り道は人生の中であるよね。それをサポートするのは必要ではないかしら」とのこと。まったくその通りです……。

3つ目は、青年の学ぶ権利を保障するためです。この意識が高校全体に通底していました。高校に入学した以上、学ぶ権利はれっきとしてあるし、それを保障しなければならないという考えです。

ただ、そうなんですが、やっぱり解せません。相当程度のお金がかかっているはずです。新自由主義的に考えれば、このような高校生は「効率が悪い」はずです。切り捨てたほうが効率がよいはずです。低スキルの労働者になってもらえばいいでしょう。保育園までつくらなくても……。

なぜニューヨーク市ではここまで手厚いのか、反対はないのか？　と尋ねました。保育園の先生は、「もちろん、税金を使うから反対する人もいるわ。コンフリクト（対立）はあるわ。だから、そこは闘うことが必要なの」とのこと。権利を守るために、コンフリクトの中で勝ちとった制度なのです。そのことを語る保育士さんは、本当に誇らしげでした。

15時30分に、学校が終わりました。1人のラティーノの女子生徒が子どもを迎えに来て、帰っていました。雰囲気はすっかりお母さん。でも、すぐ隣は高校の教室です。何とも不思議な感じとともに、アメリカ公教育の底力を目の当たりにして、興奮しっぱなしでした。

一方で、実際に授業を受けてみると、生徒たちの一見した明るさとは別に、しんどい部分を感じたのも事実です。以下、実際に私も高校生に混ざって授業を受けた感想を中心に報告します。

授業を受けてみた

生徒と一緒に授業を受けてみました。数学の授業でした。先生は、今年が初任の方でした。机はコの字型に設定されています。生徒は、開始時点では4人（黒人3名、アジア人1名）でしたが、五月雨式に増えてきて、最終的には7人になりました。途中、トイレで10分くらい抜ける学生もいました。年齢はバラバラでした。ちなみに、この高校の上限在籍年齢は21歳です。

三角形の合同について学んでいました。いくつかの情報が付与された2つの三角形を示し、「これは合同か、合同でないか？　もしくは合同の有無を判断するのにどんな情報が必要か？」という発問でした。日本では、中学校2年生で学ぶ内容です。ですが、生徒たちはわかっているようには見えませんでした。「一緒」とは答えるものの、先生が理由を尋ねると「……わからん」という感じのやりとりが続きます。先生に当てられていない生徒は考えようとせずボーッとしています。

全体的にエネルギーが低いです。ただ、先生を馬鹿にしたり、攻撃的になっている学生はいません。無気力が充満しています。この雰囲気の中にいると、不思議なのですが、「なんでこんなん学ぶんやろ、意味ないやん」と思ってしまいます。教室の雰囲気が伝染してしまう感じです。

何人かの生徒に「学校は楽しい?」と聞いてみました。どの子も「楽しくない」「うーん」とのこと。彼らに、希望はどのようにして生まれるのか、私にはよくわかりませんでした。ただ、先生によれば、このクラスの生徒はややしんどいとのこと。実際、他のクラスでは大きく様子が違っていました。

他のクラスでは、国語の授業を見学しました。生徒の関心が外に開いていました。その証拠に、不審者の私に次々と質問してきます。「どこから来たの?」とか、「日本の高校とどう違うの?」などと質問をしてきます。相手を知りたい、自分の状況を把握したいという関心が見えます。プレゼンは、グループに分かれて、テキストの内容を紹介するというもの。ある女子生徒は、アリストテレスについて書かれた本の内容を積極的に発表していました。内容も高度でした。クラスによって様子はだいぶ異なりました。

進路について

全員が、一度高校を中退した生徒たちです。生徒たちが卒業できるのか、そして、進路はどうなのかが気になります。校長先生に、生徒たちの卒業・進路について尋ねてみました。まず多くの学生が進学を目指し、実際に卒業した学生のほとんどが、大学に進学するとのこと（ここで言う大学は専門学校的なcollegeも含みます）でした。

日本の定時制高校や通信制高校とは大きく異なります。日本では、定時制の卒業生の35％、通信制の45％の生徒が、就職も進学もしていません（平成23年度文部科学省委託事業「高等学校定時制課程・通信制課程の在り方に関する調査研究」による）。

このような違いにはさまざまな理由があります。1つは、アメリカの大学は入学のハードルが低いことです。単純に入学テストだけでなく、高校時代の成績や入学時の面接などで決まるため、彼らもテストだけに比べると入学しやすいことがあります。もう1つは、大学にかかる授業料が違うことです。アメリカの大学は、津山（2016）が詳しく論じているように、日本に比べてかなり高額です。ちなみに私が客員研究員としてお世話になったシラキュース大学（私立）は学部生の授業料が1年で4万ドル（1ドル120円で計算すれば480万円）です。どひゃ～となる額です。ただ、一方で、コミュニティカレッジと言われるような公立の2年制のカレッジであれば、地元の学生の場合、無料で進学できるところもあります。また、ニューヨーク市立の大学の場合、トランスファー・ハイスクールと同じように、大学にも保育園があ

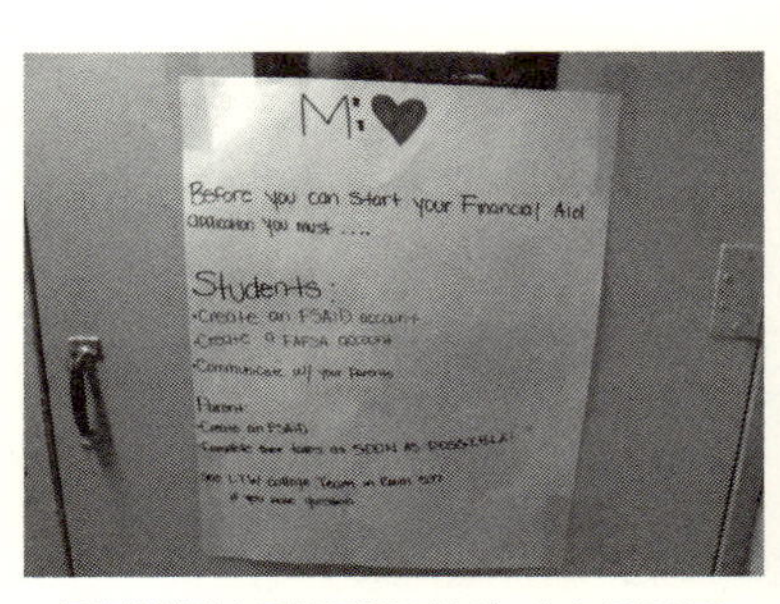

経済的補助を受ける際のサポートを知らせる

進路をサポートするための掲示物

り、子どもがいても通える環境が保障されているそうです。

3つ目は、校内での進学サポートがしっかりしている点です。この高校の大きな特徴です。貧困家庭の場合、親が必要書類を揃えられないことが、多々あるのは想像に難くないでしょう。親が軽度の知的障害を持っていたり、ドラッグやアルコール依存であったり、虐待が見られたりするためです。この学校では、3割程度がホームレスの生徒です。両親とも刑務所に入っている場合も珍しくありません。

そのため、大学進学を専門的にサポートするスタッフがおられました。そこでは、親の説得や、書類を揃えたり、作成する援助をして、大学進学をサポートしています。その念の入れようは、上の写真からもわかります。各階段のドアにこのように、大学に進学するための書類作成をサポートする旨の文書が掲示されています。大学に入学するために、かなり丁寧な指導がなされていると言えます。

しかし、なぜ、そこまで大学入学にこだわるのでしょうか。その理由の1つは、日本よりも学歴社会だということにあります。学歴の違いが収入に如実に表れます。この高校の廊下には、写真のように「どの学位を取ったかで収入が変わる」ことが、まぁ気持ちよいくらい露骨に表示されていました。厳しい階層の中で生活している生徒が、アメリカンドリームをつかむためには大学に行くことが至上命題であるとスタッフは感じているのでしょう。

障害のある生徒

3人の障害のある生徒に、インタビューする機会をいただきました。ちなみに、特別支援教育のコーディネーターによると、この高校に通う障害のある生徒のほとんどは、学習障害とのこと。自閉症スペクトラムの生徒はいないとのことでした。私が見た限りでは、軽度の知的障害の生徒もいるように感じました。そのうちの3人に話を聞いたところ、ある生徒はすでに2回高校を中退し

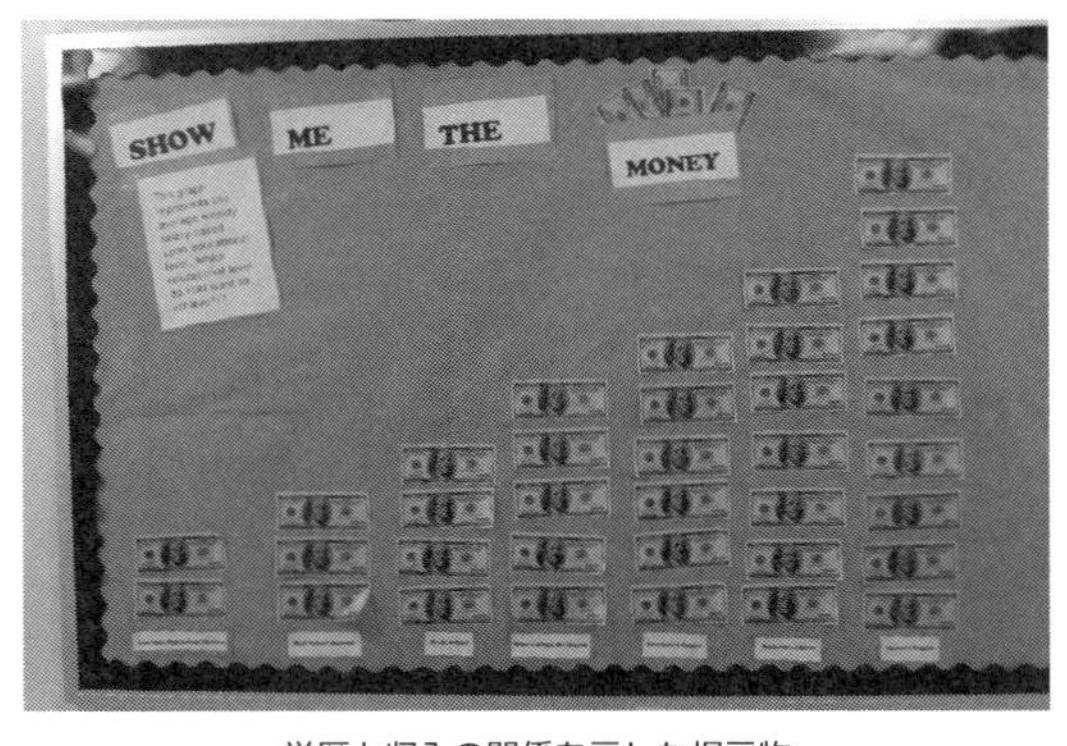

学歴と収入の関係を示した掲示物

たとのこと。彼によれば、「これまでの学校では、先生が人種差別主義者だった」とのこと。そこで何があったのかわかりませんが、先生は「彼にとってhard time（大変な時期）だった」と添えられました。そして、彼は「ここではそんなことはないよ。先生はとても優しいし、学校が楽しい」とのこと。他の先生がおっしゃっていたのですが、ここに来た生徒はこれまで、学校で注意を払われてこなかった生徒が多かったそうです。彼に夢を聞いたところ、車の整備士になりたいと言っていました。とても明るい表情をしていて、この学校で楽しそうに学んでいることがよくわかりました。

教育カリキュラムと学校哲学

教育にも工夫がなされています。いわゆる一般的な教科だけでなく、ラップをコンピューターで作成するような音楽の授業、食育を意識し、野菜を育てる授業、演劇を取り入れた授業などがあります。

これらのユニークなカリキュラムの背景にある学校哲学（core value）として、「関係の再構築 rebuild relationship」「実行可能性の再構築 renew workability」「自信を取り戻す restore confidence」「モナーク monarch」があります。「実行可能性の再構築 renew workability」と「モナーク monarch」がわかりにくいので解説すると、前者は、スキルとして「約束と行為を一致させること（言行一致）」が挙げられています。モナークとはチョウの一種で、さなぎがチョウになるように、これまで生きてきた過去に打ち勝つ経験のことを指します。これまでの過去を乗り越え、自分で自分を統治できるような青年になってほしいという願いがあるのでしょう。ちなみにこの哲学は、6年目の勤務となる校長先生自らが考えられたそうで、ハイデガーの哲学をもとにしているとのことです。

校長先生に、「一番の課題は何ですか?」と聞いてみました。するとすぐに「low attendance（出席率が低い）」と返ってきました。日によっては半分程度の生徒しか出席しない場合もあるそうです。うつやドラッグ、虐待など、青年や青年をとりまく環境が、学校に通うことを難しくしているとのことでした。そして、出席率が低いことは、学校評価に影響を及ぼし、結果として「おとりつぶし」にもつながります。

アメリカ公教育の底力

アメリカの公教育は、これまで書いてきたように、また一連のジャーナリストや教育学者による論考（鈴木 2016; 津山 2016）でも指摘されてきたように、「よい」方向に向かっているようには思えません。格差を是正するのではなく、むしろ拡大させ、アメリカンドリームを終焉させる方向に向かっています。しかし、その一方で、高校中退した青年のようなマイノリティを、日本ではとうてい考えられない力強さと暖かさでサポートする教育があるのも事実です。

例えば、アメリカ第三の都市シカゴでは、貧困地区の公立学校の大幅な統廃合計画に対し、教師や親が共同・対抗し、計画を変更させています。ニューヨーク州でも一斉テストに対する反対運動が起こっています（詳しくは、山本 2015; 鈴木 2016参照）。公教育の崩壊の中で、このように新たな運動も起こり、そして、権利を勝ち取ってきた歴史・現在を持っているのもアメリカです。公教育の底力を感じさせるトランスファー・ハイスクールでした。

《第1部　文献》

赤木和重・岡村由紀子（2013）「気になる子」と言わない保育：こんなときどうする？ 考え方と手立て　ひとなる書房

Conner, D. J., Valle, J. W. & Hale, C. (2015) Practicing Disability Studies in Education. New York: Peter Lang

林　壮一（2008）アメリカ下層教育現場　光文社新書

小林由美（2009）超・格差社会アメリカの真実　文春文庫

染谷泰代（2004）若年出産と学業継続　教育福祉研究10、91-100.

鈴木大裕（2016）崩壊するアメリカの公教育：日本への警告　岩波書店

津山恵子（2016）「教育超格差大国」アメリカ　扶桑社新書

山本由美（2015）教育改革はアメリカの失敗を追いかける：学力テスト、小中一貫、学校統廃合の全体像　花伝社

音楽の先生（右端）・生徒たちと

【番外編】　学校ランチ事情

（その1）ファストフード化するランチ、一斉に食べないランチ

アメリカの学校を訪問するたびに驚きがあるのですが、その1つに、ランチ（給食・お弁当）があります。ランチの中身はもちろん、ランチに対する指導が、日本とは異なることがしばしばありました。「ランチは教育を映し出す重要な鏡だ」という格言を勝手に作りたくなるほど、アメリカの教育の特徴が見えてきます。

給食のファストフード化

給食がファストフード化していることに何より驚きました。ある日の公立小学校の給食は、「ピザ、リンゴ、アップルパイの中身のようなもの、キャベツがちょろっと、ジュース」です。他の日も、ハンバーガーやフライドポテトなどが出ます。野菜が少なく、高カロリーの食べ物のオンパレードです。日本人がよいと考える食事からは相当距離があります。堤

（2008）が指摘するように、給食が肥満につながるという指摘もうなずけます。本来は、給食こそが肥満を食い止めるはずなのですが……。

ちなみに、レストランでも同じです。レストランにはキッズメニューがあるのですが、その中身が驚きです。「大量のチキンナゲット、味の濃いポテトフライ、オレンジジュース」だけです。茶色一色のメニューで、野菜がまったくありません。それなりのレストランですらこの内容です。しかも量が多く、これはまぁ肥満まっしぐらというか、日本ではなかなか見ないメニューです。

お弁当

子どもが持参するお弁当の内容にも驚くことが多いです。私立小学校や幼稚園では、お弁当持参のところが結構あります。また、公立小学校でも、ファストフード化した給食を嫌って、親がお弁当を持参させることがあります。ちなみにシラキュース地区で最もよいとされ、ニューヨーク州から表彰も受けた成績優秀な学校では、日にもよりますが、なら

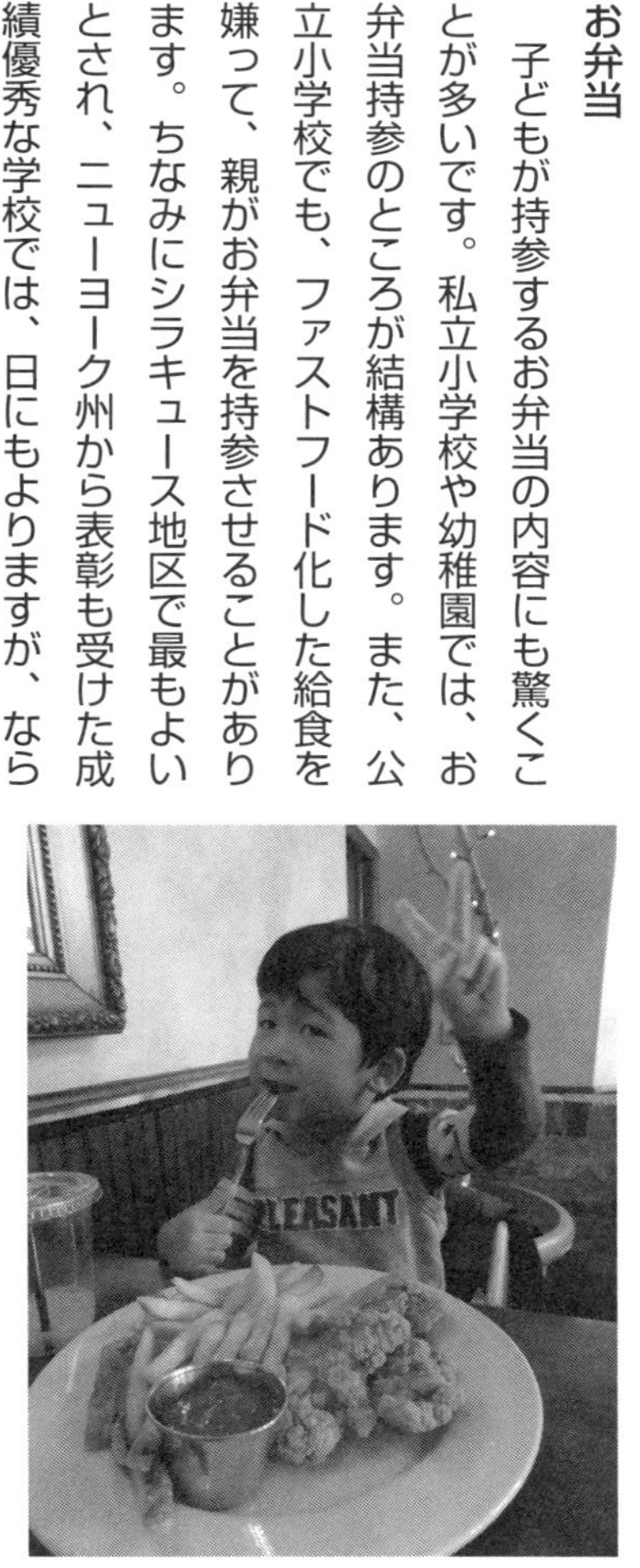

野菜がないキッズメニュー

すと、60％の子どもは弁当を持参し、残りの40％が給食を利用しているそうです。

　子どもたちとお昼を一緒にすることもありました。子どもたちのお弁当を見せてもらいます。お弁当のおかずが、調理された形跡がないことに驚きます。ある4歳の男の子のお弁当は、「一辺およそ10センチのチーズ数枚、同じく10センチ片のハム数枚、クラッカー、ブルーベリー、オレンジジュース、スナック」です。子どもは、クラッカーにハムとチーズを挟んで食べます。別の小学生のお弁当は、「キュウリスティック、チーズスティック、リンゴ1つ、ピーナッツバターとジャムのサンドイッチ、スティックタイプのヨーグルト」です。日本の子どもが食べるお弁当のような調理されたおかず、例えば、「ほうれん草の胡麻和え」とか「ジャガイモの煮っころがし」といったような食材を組み合わせて調理したおかずはあまり見られません（例外としてスープパスタなどがありましたが、多くはありませんでした）。中流から富裕層の子どもたちの話です。

　もちろん、アメリカのレストランに行くと、手の込んだ料理はあります。では、なぜお弁当になると、このようになってしまうのでしょうか。教員を含む何人かの知人に尋ねました。その結果「朝は忙しいから」「野菜を使った料理の仕方が違う」「それほど栄養バランスを気にしない」など、いくつかコメントをもらいました。しかし、はっきりとはわかりませんでした。複数の理由があるのでしょう。

　確たる証拠はないのですが、このような調理がされていない＝手の込んでいないお弁当の遠因として、「お互いの弁当の中身を意識しないこと」もあるように思います。「人は人、自分は自分」なんですよね。そのため、周りを意識してグレードアップすることがないのかもしれません。日本の「キャラ弁」を見たら、その手の込み（すぎ）ように、アメリカの親御さんは卒倒するでしょう。

・・・・・・・・・・・・・・・・・・・・・・・・・・・・・・

思い思いに食べ始める

ランチに対する姿勢も面白いです。「一緒に食べ始めない」のです。準備ができた子どもから思い思いに食べ始めます。どの学校、どのクラスでも共通していました。

「いただきます」に当たる言葉が英語にはありません。アメリカに来て初めてわかったのですが、「いただきます」には礼儀としての機能だけではなく、「一緒に食べましょう」と息を合わせる機能もあります。その証拠に、1人でいるときよりも複数でいるときのほうが「いただきます」の声はよく出ると思います。そう考えるとアメリカで、「いただきます」に当たる言葉がないのもうなずけます。必要がないからです。

日本人にとっては、このような食事の仕方は、賛否両論かもしれません。一緒に食べ始めることの意味はあると思います。ただ、このアメリカ式食べ始めは、障害のある子や「気になる子」に「問題」を押し付けない点で興味深く思えます。「先に食べ始める」「他の子どもを待てない」といった悩みが日本の学校の教師からしばしば出されます。それはもっともな悩みでもあるのですが、一方で、一緒に食べなければいけないというルールのために、「気になる行動」「気になる子」が浮かび上がってきます。そして、丁寧に対応すればするほど、結果として、その子に問題があるように焦点化されていきます。

しかし、アメリカのランチ事情に学べば、「そもそもなぜ皆で一斉に食べ始める必要があるのか」と枠組みそのものを問い直すことが可能になります。「一緒・一斉」に食べ始める教育的な意図がある場合ももちろんあるでしょう。一方で、特にそのような意図なく、「そういうものだから」で進めていることもあるはずです。また、教育的な意図があったとしても、その目的が果たして妥当なものかを検討する必要もあるでしょう。障害のある子・気になる子に対し「問題」を顕在化させてまで、日本は「一緒・一斉」を維持する必要があるのか、考えさせられました。

(その2) 教師の指導

小学校や幼稚園の教師が、ランチのとき、どのように指導しているのか。ここでも日本との違いを感じました。

指導その1：多く食べさせようとはしない

1つは、子どもに多く食べるように指導することがなかったことです。結果、子どもは自由にランチを残していました。

富裕層の子どもが通うある私立幼稚園のランチを見学したときのことです。ほぼすべての子どもが、ランチを残します。日本であれば、給食・お弁当にかかわらず、保育園や幼稚園の先生の多くは、子どもが残しているのを見ると、「まだ残ってるね。あと一口食べようね」などと言って、少しでも多く食べさせるような指導が多いと思います。

ところが、私が見学した多くの学校では、幼稚園・小学校問わず、私立・公立問わず、貧困地区・裕福な地区問わず、先生が子どもに積極的にたくさん食べさせるような指導をしません。せいぜい「もうお腹いっぱい？」と子どもに確認し、そこで子どもが「まだ食べられる」と言えば、「では食べましょう」と促すくらいです。逆に子どもが「もうお腹いっぱい」と言えば、それ以上、食べさせることはありません。間違っても「もったいないよ。全部食べましょう」というような指導はありません。自閉症スペクトラムの子どもに対しても同じでした。その子どもは、クラッカー2種類を昼ご飯に持ってきて、途中で残していましたが、先生はそれ以上食べさせるような指導はしませんでした。

指導その2：お弁当の中身に口を出さない

お弁当を持参する多くの子どもは、キュウリやニンジンのスティックなど野菜を持ってきています。しかし、中には、お弁当に野菜がまったく入っていない場合もあります。その代わり、「スナックとヨーグルト、以上」といった、「こ、こ、こ、これはお弁当なのか？」と口を差し挟みたくなるようなランチを持ってきている子どももいました。いつもは食にさして関心のない私が、「味覚の基本をつくる土台である幼児期・学童期において、これはゆゆしき事態である」と食育研究者になりかねないほどのインパクトです。しかも、これが中間層・富裕層の子どもが通う幼稚園や学校であるだけにさらに驚きです。しかし、先生は少なくとも表向き、そのことを気にしたり、親に指導している様子はありません。うーん、どういうことなのでしょう。

先生に尋ねてみたところ……

ある幼稚園の先生に尋ねるチャンスがありました。ちなみにこの先生は、他の先生に比べると、比較的指示は細かいほうで、決して「何でもあり」の先生ではありません。まず「なぜ、子どもに多く食べるように指導しないのか」と聞いてみました。すると、「全部、食べることが大事なことではない。大事なのは、自分で食べる量がわかり、『ここまでにする』と自分で決定できることだ」とのこと。全部食べるとか、満遍なく食べることよりも、自分で食べる量やモノを決めるほうが大事だということのようです。そして「もし、たくさん残したら、親はそれを見て調整すると思うので、だんだん適切な量になっていく。だから、残すことは大きな問題ではない」とのことでした。

次に2つ目の疑問についてです。「野菜は体にいいですよね。でも野菜が全然入っていない弁当を持ってくる子どももいる。野菜を入れるように親に指導しないのか」と尋ねてみました。すると「それは私たちの仕事ではない」との回答でした。もちろん、廊下の掲示版には野菜を含めた「いいお弁当の見本」のようなチラシも掲示されていました。でも、教師がするのはそこまで。食事の指導は、基本的には教師の仕事ではなく、最終的には親が責任を持って判断すべきことであると考えられていました。

ランチを通して見えてくる指導観

私が見聞きした範囲になりますが、日本とは異なる指導観が見えてきます。1つは、3歳や4歳という早期から自己決定を徹底して尊重する考えです。その重みは、「全部食べる」「バランスよく食べる」ことよりも大きなものでした。

「自己決定を大事にする」という理念自体は、日本でもほとんどの教師や親が同意すると思います。しかし、実際のところを見てみると、「幼児さんにはちょっと無理だわ」とか「そんなこと言っても食べ物を残したらもったいないよね」となって自己決定はどこへやら……となります。自己決定を重視する優先順位が、日米では大きく違っているということ、そして、自己決定の尊重という意味から考えれば、日本は「言ってることとやってることが違う」ことです。

2つ目は、それぞれの「守備範囲」がはっきりしていることです。お弁当のおかずに何を入れるかは、教師の仕事ではないのです。もちろん、それほど単純ではなく、文化的背景の違いなどで指導しにくいこともあるでしょう（実際、そのように言われる方もいました）。しかし、教師の仕事ではないという区切りと割り切りが、日本では実感しづらいところです。子どもがぶくぶくの肥満になっても、それは親の問題であるということ。潔いくらい、自己決定を尊重していますね。

モヤモヤ

ランチをめぐるアメリカ式指導。なるほどと思いつつ、どこか自分の中で、ひっかかります。答えは出ないのですが、2つモヤモヤしています。1つは、家庭環境が厳しい子どもたちのことです。決定する前提条件が違うため、結果として、「よくない選択肢を主体的に選ばざるを得ない」という矛盾した自己決定が尊重される恐れがあるように思います。

もう1つは、「おりあい」という要素が指導の中に見られにくいことです。自分だけで決められる自己決定は少ないです。しかも、自分だけで決められる自己決定は、そうたいしたものではないとも思います。本来、自己決定とは、他者との関係、集団との関係、社会との関係、それぞれ相手の声を意識的・無意識的に聞きながら、その中で葛藤し、おりあいをつけつつ、自分で決めていく類のものです（赤木 2008）。だからこそ、今の自分にはない新しい自分を創発させることができます。アメリカ式の自己決定を尊重する教育の中に、このようなおりあいをつける要素があるのか、気になりました。

・・・・・・・・・・・・・・・・・・

《番外編　文献》

赤木和重（2008）知的障害のある自閉症児の自己決定を支える支援：「絵カードを選ぶ」のその先を　小島道生・石橋由紀子（編）『発達障害の子どもがのびる！かわる！　自己決定力を育てる教育・支援』　明治図書（pp.76-82）

堤　未果（2008）ルポ　貧困大国アメリカ　岩波新書

第2部　インクルーシブ教育の異なるかたち

第1章　公立小学校におけるインクルーシブ教育の実態

シラキュース地区の教育の状況

「はじめに」でも書いたように、シラキュースはアメリカの中でもインクルーシブ教育が進んでいる街です。シラキュース市の学区では、在籍児童・生徒がおよそ2万人いるにもかかわらず、特別支援学校が設置されていません。正確には、特別支援学校が1つあるのですが、それは「問題」を起こした子どもが一時的に措置される類のものであり、日本の特別支援学校とは大きく性質が異なります。実質的には、障害のある子は、家庭で学ぶ少数の障害児をのぞいて、ほぼ全員が地域の学校で学んでいます。

このような背景の一つに、シラキュース大学の存在があります。シラキュース大学には、北米でノーマライゼーション（Normalization）を推し進めたウォルフェンスバーガー（Wolfensberger）が研究していました。ノーマライゼーションとは、障害のある人ができるだけ通常（ノーマル）に近い生活を送れるような社会を創ろうという考えを指します。ウォルフェンスバーガーは、知的障害者入所施設の解体運動を進め、知的障害のある人が地域で暮らすように運動を推し進めた研究者です（清水 2010）。また、ファシリティテッド・コミュニケーション（Facilitated Communication）で有名なビクレン（Biklen）も、数年前まで在籍していました（ビクレン 2009）。ファシリティテッド・コミュニケーションとは、重篤なコミュニケーション障害のある人が、支援者や養育者の助けを借りながら、文字盤やパソコンを用いて、自分の気持ちを表現して他者とやりとりするものです。このような流れがあって、障害のある子どもが地域の中で学ぶ方向性が強いことも、このシラキュースで特別支援学校がないことと関係しています。

しかし、実際に、どのような教育が地域の学校の中で行われているのでしょうか。教室に入り込んだ経験をもとに語ります。

インクルーシブクラス

インクルーシブ教育を進める一つの形態に、インクルーシブクラスという制度があります。インクルーシブクラスというのは、障害のある子どもが在籍している通常学級のことを言います。例えば5年生のクラスが3つあった場合、障害児をそのうちの1つのクラスだけに集めてインクルーシブクラスとします。逆に言えば、その他の2つのクラスには基本的には、障害児が在籍しないことになります。インクルーシブクラスでは、補助教員をつけるなどして、そうでないクラスより体制を厚くします。少なくともシラキュース地域では一般的な学級編成システムです。

私が見たインクルーシブクラスは、経済的に厳しい地区にある小学校5年生でした。国語の授業を見学しました。24人の子どもが学んでいました。4、5人は白人・ラティーノの子どもたちで、あとは黒人の子どもたちです。先生は、若い女の先生。20代のように見えます。担任の先生ではありませんでした。子どもは、4人1列の机の配置で、「コ」の字の編成でした。プロジェクターに教科書の一文一文が映し出され、子どもがそれを読んだり、その文章や用語の意味について考えるという、オーソドックスな授業が行われていました（私が見たときは、comparisonとcontrastの違いなどについて説明されていました）。

私が見学した時点では、私語は一切なく、とても静かでした。しかし、授業が単調だったこともあるのか、子どものやる気はあまり感じられませんでした。先生が「教科書の224ページを開きなさい」という指示を出しても、その指示に30秒以内に従う子どもは半数程度。あとは、教科書をそもそも出していなかったり、爆睡していたり、別のページを見ていたり、ぼーっとしていたりなど。先生は注意することなく、進めていきます。先生の表情は険しかったです。「隙を見せてはいけない」、そんな様子を感じました。先生の厳しい雰囲気と、クラスの無気力との落差が、このクラスや子どもたちの課題を象徴しているようでした。

障害のある子どもたち

障害のある子どもは4人いました。全員、学習障害でした。1人は、机につっぷして寝ていた黒人の男児。私が見ていた30分ほど微動だにせず寝ていました。もう1人は、白人男児。先生の話は聞いているようですが、どこまで理解しているのか見学する限りわかりませんでした。挙手や発言はなく、また、ノートもとっていなかったからです（もっともどの子どももノートを出していませんでしたが）。もう1人は、黒人の女児。起きていますが、教科書は出していません。椅子には座っているのですが、どこか所在なさげです。

三者三様でしたが、どの子も積極的に授業にかかわっている様子はありませんでした。先生も積極的にこの子たちにかかわる様子はありませんでした。この授業だけで判断することはできませんが、授業に参加しているようには思えませんでした。

取り出し指導

授業が始まって30分ほど経過したあと、担任の先生が教室に入ってきました。物静かな穏やかな先生でした。障害のある子ども4人を呼んで別室に連れていきます。聞けば、今からこのグループで取り出し指導を行うとのこと。別室で、小学1～2年生レベルの薄い教科書を使って、言葉や音読の学習を始めます。今日習う単語として挙げられていたのは、「early」「parent」など基本的な単語でした。

取り出し指導が始まります。しかし、先ほどの授業をひきずっているのか、どんよりとした空気です。最初の3分は誰も話をしません。特に紫の服を来た女の子はだらしなく座ったままです。こ、こ、これは、どうなるのだ、と思いながらハラハラして授業の様子を見ます。先生は穏やかに、「これは何て読むの」「ちょっとずつでいいよ」と声をかけながら、子どもたちに音読するように求めます。すると、教室ではまったく無口だった子どもたちもぽつりぽつりとですが、読み始めます。ただ、つっかえながらの読み方だったり、言い間違いもあったりします。全体の授業で、教科書を出さ（せ）なかったのも無理もないなと感じました。取り出し指導は、20分ほどで終わり、子どもたちは教室に戻っていきました。

担任の先生の話

その後、担任の先生から話を伺うことができました。「この子たちは話を聞けば理解はできるのだけれども、読み書きがかなりしんどい。1、2年生の教科書でもしんどいし、算数ができない子もいる。通常学級の授業を理解するのは難しいと思う。でも進歩はあるんだよ。紫の服の女の子は、昨年度までは教室に入れず、学校の中をウロウロしてた。でも、こうして小集団指導をするようになって教室に入れるようになったんだ」「こうして指導することで、学習も進んでいく。本当はもっと丁寧に取り出し指導したいんだけど、なかなか時間がとれないのが悩みなんだ」「障害のある子ども以外の問題も多いしね」とのことでした。先生は、少し疲れているように見えました。取り出し指導していた部屋の床に、文房具や紙類が落ちて乱雑だったから、そう思っただけなのかもしれませんが。

インクルーシブ教育の負の側面

よくない意味で日本の状況と似ているなぁと感じました。発達障害のある子が、通常学級に入ってはいるものの、それは形式的に入っているだけで、実質的には授業に参加できず疎外感を覚えていること。通常学級では適切な配慮がなされているようにはあまり思えないこと。そして、先生は何とかしてやりたいと思って、取り出し指導をして、子どもたちのやる気や学力を上げようとしているが、十分に時間はとれないこと。そして、子どものことを大事に思っているがゆえに、先生の苦悩はいっそう深まること。担任の先生の子どもを見る柔らかいまなざしがわかるだけに、十分なことをしてやれないというもどかしさが伝わってきました。

率直に言うと、このインクルーシブクラスというのが、本当に、その名前に値する実践内容を有しているのかと言われると疑問に感じました。

さらに衝撃の事実がありました。この学校は３００名近くの児童がいるにもかかわらず、特別支援学級（self-contained classと呼ばれます）がありません。厳密には「かつてはあったけど今はない」とのこと。インクルーシブクラスを設置したので、そちらに編入されたとのこと。理念的にはインクルーシブ教育をより推進するためです。ただ、一部の先生によれば、教育委員会の「安上がりだから」という意向も関係しているのではないかとされています。

きれいな言葉に飲み込まれない

私たちは、「インクルーシブ」という用語を聞くだけで、「うん、それはいいことだ」と無条件に感じてしまうことがあります。「インクルーシブクラス」なんて聞くと、「オォホホゥ！」となってしまいます。しかし、その中身は本当に千差万別ですし、中にはその名のもとに、子どもの学ぶ権利が瓦解されていることもあります。「インクルーシブ原理主義」に陥らず、教育や子どもの発達の本質を見抜く必要があると改めて感じました。

第2章　Mind your own business——自分のことをしっかりと

Mind your own business

公立学校の授業見学を進めていくうちに、インクルーシブ教育を考えるうえで、日本との重要な違いに気づきました。そのことを象徴する2つのエピソードを紹介します。

1つ目は、小学校の建物の中にあるKindergarten（年長クラス）の授業を見学したときのことです。ある男の子が、授業の内容に興味が持てなかったのか、子どもの輪から外れて、クラスの壁際に置いてあるパソコンのほうに移動し、手慣れた様子でパソコンで遊び始めました。見ている私がドキドキしてしまいます。しかし、教室にいた先生は2人とも、子どもに働きかける様子はありません。そして、彼は、気持ちよくパソコンの音楽に合わせて歌を歌っています。そのまま15分以上経過し、授業は終了しました。

2つ目は、小学校3年生の通常学級でのエピソードです。グループで話し合いをしているときに、ある子どもが、急に感情を爆発させました。イライラした様子で大声で叫びます。鉛筆が折れて思い通りにならなかったからのようです。みんなその子を見ます。すぐさま、先生がその子のところに駆け寄りましたが、その子はするるっと逃げます。先生がつかまえようと追いかけます。しかし、その子はするするっと教室の中を逃げまわります。すると、先生は、教室の壁にあるボタンを押して、助けを呼びます。1分後に別の先生が教室に入ってこられ、その子に何か一言告げて、一緒に教室を出ていきました。Time out room（コラム31頁）に連れて行かれたのです。

この2つのエピソードは一見すると、年齢も違えば状況も異なり、何のつながりもないように見えます。もっと言えば、真逆の対応のようにも見えます。前者の教師は、授業から外れた子どもに積極的にはかかわっていません。一方、後者の教師は、積極的に子どもに対応しています。しかし、この2つのエピソードはある意味で非常に似ており、かつ、私が日本で見てきた教育実践との違いを感じました。

それは、一言で言えば、他の子どもが、その特徴的な行動を起こした子どもに積極的にかかわらないところです。前者では、15分以上もみんなから離れています。しかし、他の子どもはその子に、「おイス座りや」と声をかけることはもちろん、その子どもに目を向けることすらありませんでした。後者でも、その子は声を出しながら教室から連れていかれ、かつ廊下でもしばらく声を出していたにもかかわらず、他の子はその子に対して、「どうしたの」「静かにしいや」といった声をかけることもないし、からかうこともありません。先生の話を聞き、自分の課題をするのみで、輪から外れた子どもに積極的にかかわっていく姿が見られません。

この点について、シラキュース地区の教育現場で約10年働いている方に尋ねたところ、「それはそうだと思う。もし年長の子が、パソコンをしている子のところに行って『戻りや』などと言ってかかわろうとしたら、多くの先生は『自分のことをちゃんとしなさい（Mind your own business）』と言うと思う」と言われました。

衝撃を受けました。……が、納得もできました。アメリカの子どもが、輪から外れた子どもに積極的にかかわったり、関心を寄せないのは何も社会性の発達が希薄だからではありません。「自分のことをしっかりする」ことが優先されるからです。だからこそ、他の子が「違うことをしている」、場合によっては「和を乱す」ようにとられることがあっても、そこでお世話焼きをするのは、優先順位が低いことなのです。

「利己主義だ」と批判したくもなりますが、かと言って一概に否定できません。例えば、先の小学3年生の子どもが気持ちを落ち着けて教室に帰ってきたとき、戻ってきた子どもたちはもちろん本人もまったく気にしているふうがありません。日本であれば、戻ってくるときに恥ずかしい思いをする子どももいるでしょうし、「先生に怒られてたんやろ」とその子に関心を寄せる子どももいるでしょうが、そういう雰囲気はまったくありませんでした。お互いにMind your own business なのです。この雰囲気が楽な子どももいるでしょう。

インクルーシブ教育にひきつける

これらのエピソードは、インクルーシブ教育を考えるうえでも示唆的です。一言で「インクルーシブ教育」と言っても、日米では、その前提や意味するところが相当程度異なっているということがわかります。少なくとも私が見た範囲で言えば、アメリカの小学校で優先されるのは、Mind your own businessであり、そのうえで、ともに学ぶ教育のあり方が探究されているのでしょう。一方、私が見てきた日本の教育実践では異なります。お互いにかかわりながら、ときにぶつかりながら育っていく子ども同士の関係を育てようとしていました。このような差異の自覚なしに、アメリカのインクルーシブ教育の方法を日本にそのまま紹介しても、うまくいくことはないでしょう。

第3章　卒業式

本章では、卒業式の話を少し。インクルーシブ教育とは直接関係がないように見えますが、それがなかなか密接に関係する行事でした。

小学校の卒業式

6月上旬に、ある貧困地区の公立小学校の卒業式に参加する機会がありました。黒人の生徒が80％以上を占める学校でした。成績はニューヨーク州で下位10％、朝食を学校が支給する割合は90％を超える学校でのひとコマです。

いろいろと違いすぎてびっくりすることが多くありました。その1つは、子どもたちの服装です。「千差万別」という言葉がぴったりでした。紫やピンク色の鮮やかなドレスを着ている女の子がいます。びしっとスーツを着ている男の子もいます。化粧をばっちりきめている女の子もいます。ものすごいヒールを履いている女の子もいます。ピアスをしている子もいます（イヤリングは普段からですが）。タトゥーをしている子どももいます。日本では小学生が茶髪にすれば問題になりますが、こちらに来てみると「茶髪？　それで？」というレベルです。

次に度胆を抜かれたのが、子どもが入場するときや卒業証書をもらうシーンでの声援です。体育館の入り口から一人ひとり、子どもが入場してきます。日本と同様、一人ずつ登壇して校長先生から卒業証書をもらいます。その際、保護者や他の子どもが「ヒューヒュー」とか「ワオ！」とか「ピーター！」と言って声援や拍手を送るのです。教員も声援を送ります。ある子どもは声援を受けて恥ずかしげに、ある子どもは誇らしげに入場し、卒業証書をもらいます。まったくもってノリが違うわけです。何だかコンサートに来ているような、そんな感覚を受けました。

自由サイコー！　でも……

このような雰囲気を見ると、つい、こう言いたくなります。「自由でいいなぁ。日本の画一化した卒業式とは大違いだ。日本は、『服装は自由で』と言いながら、周りの空気を読んで、結局『黒』とか『茶』とか似たような色の似たような服装になってしまう。何より、障害のある子どもにとっては、参加の仕方が自由なのはすごく楽だと思う。これぞ多様性！　アメリカにならったほうがいいよね」と。近年の「みんなちがって、みんないい」的風潮とあいまって、こういうオチで終わらせたくなります。

確かに学ぶところは多くありましたし、このように終わらせてしまってもいいのですが、しかし、いくつかザワザワすることがありました。

ザワザワした理由の1つは普段着の子どもが何人かいたことです。貧困地区にある学校ですので、「あえて普段着」ではなく、お金がないので「仕方がなく普段着」になっている子どももいるはずです。そういう子どもたちは、着飾っている友達を見て、この式にどういう気持ちで参加しているのでしょう。何だか見ている私のほうが動揺してしまいました。

もう1つザワザワしたのは、子どもによって声援に違いがあることです。明らかに違います。人気のある子どもの場合、声援や拍手の量は最高潮です。ここはライブ会場かい！　と突っ込みたくなるほどです。一方、それほど人気がない子どもの場合は、それなりの声援や拍手です。ほんとに違います。「声援の少ない子は、どういう気持ちなのかな」と、見ているだけなのに胸が痛くなってしまいました。

もし、皆さんが普段着で参加している子どもだったら、声援が少ない子どもの立場だったら、どう感じますか。

若者に聞いてみたところ……

アメリカで暮らしている何人かの若者や教育関係者に、この件について尋ねることができました。人によって多少の違いはありましたが、結論はおおむね共通していました。「普段着でも、声援が少なくても、それほど気にしない」とのこと。貧困地区に限ったことではないようです。

日本人に聞くと「気にする」「すごく気にする」という答えのほうが多いでしょう。もちろん気にしない方もいるとは思います。しかし、昨今の日本の大学では「ぼっち飯」と言って、ひとりぼっちでランチを食べることを嫌う学生が多くいます。友達がいないと思われるのがイヤなのですよね。さらには、1人で食べるのを見られるのがイヤで、トイレでご飯を食べる学生の存在が一時期、話題になりました。このようなことが話題になること自体、友達とのつながりが希薄であることを、日本社会が気にしていることの証拠と言えます。

とは言え、やっぱりよくわかりません。なぜ声援が少なくても、あまり気にならないのでしょうか。この点については、私なりに2つに整理できました。

1つ目は、他者との違いを意識しない教育の影響です。ある大学生は、私の質問に次のように教えてくれました。「自分に自信があるから声援が少なくても気にならないの。これまで親に『今のままのあなたでいいよ』と言われて育ってきたわ。だから、自分でいいという感覚が身についている」とのことでした。「自分は自分」という言葉が、その場限りではなく、子どもや家庭の歴史の中に位置づいているのです。他者と比較しない教育の成果です。すごいですよねぇ。

２つ目は、他者との違いがありすぎて、違いが気にならないというアメリカ社会の影響です。そもそも体から多くの違いがあります。皮膚の色は様々です。髪の毛が赤色程度ではどうこう言うレベルではありません。また、宗教の影響で、服装や食事にも必然的に違いが生まれます。ヒジャブ（イスラム教徒の女性が、頭髪を覆い隠すために使うスカーフのような布）を頭からかぶっている子もいれば、ベジタリアンの子どももいます。経済的格差もそうです。貧富の差が見える形で歴然とあります。そういう中で育ってきた子どもたちは、卒業式の服の違いや声援の違いなどは、日常の延長線上にすぎない「普通」のことであり、そもそも、なぜそこまで気にしないといけないのか、という感覚を持っているのかもしれません。

どちらがよいと言うよりも

どちらの国の卒業式がよいかと言うことは判断できません。そもそも1つの学校の卒業式を見ただけですから。ただ、そのうえで言うならば、日本の学校教育で、「自分は自分」や「人それぞれ違っていい」を体の底から実感するのは、アメリカに比べると、難しいと感じました。

アメリカ社会とは出発点がそもそも違うからです。日本の場合、経済的状況はともかく、人種、言語、習慣、価値観は似ています。同じ部分が多いため、比較が成り立ちやすいのです。比較できると、ちょっとした違いも目につきやすく、どうしても「他人と比べて……」が強く出やすくなります。そこからひいては、他者との違いを気にして、自分に自信をもちにくい子どもが増える構造を有しています。

日本でインクルーシブ教育を進めることの難しさ

これらの背景をふまえれば、日本でインクルーシブ教育を行うことが、アメリカに比べて難しいことが見えてきます。

アメリカでは、身体レベル・文化レベルで、障害に限らず「そもそも違う」ところから出発しています。そのため、障害のある子どもが、障害ゆえの行動をとったとしても、多くの子どもは気にすることがありません。そもそも障害ゆえの行動なのか、文化的背景の違いなのかも、わからないこともあります。さらに言えば、カリキュラムレベルでも、アメリカでは違いが多くあります。障害の有無にかかわらず、授業中に違う授業を受けに行くことがあります。あるエリート公立小学校では、校舎内のバイオリンの授業を学ぶために、授業を抜ける子どもたちがいました。障害のある子どもが抜ける場合ももちろんあります。このように「一緒・一斉」中心のカリキュラムではないために、「授業を抜ける」ことが、奇異なものではなく、また「問題」として顕在化しにくいのです。

一方、日本では、類似した身体・文化背景の中で、また「一緒・一斉」カリキュラムのために、障害のある子ども、気になる子どもの行動が、「奇異」や「問題」として顕在化されやすい傾向があります。

アメリカの背景を知れば知るほど、「『自分は自分でいいんだよ』ということさえ子どもに伝えればうまくいく」とか、「アメリカの最先端のインクルーシブ教育を学べばうまくいく」といった楽観論には立てなくなります。「違いすぎて比較できないくらいの違いがある」アメリカと、「似ている部分がありすぎて、違いが見えやすい」日本とでは、そもそもの前提が異なるからです。

ですので、まずは、日本のインクルーシブ教育がチャレンジングなことをしているということを認識することが必要です。でも、それでも、この困難な状況の中で、「自分は自分でいい」と日本の子どもたちに心の底から感じてもらう、また、「障害のある子とない子がともに学んで幸せになる」教育を、これまでの実践を見直しながら、考えていく必要があります。

第4章　優れたインクルーシブ保育に学ぶ

ここまでのインクルーシブ教育は、どちらかと言うと貧困地区にある学校のものでした。しかし、それだけでは、十分にインクルーシブの実態をとらえたことにはなりません。ここからは、優れたインクルーシブ保育を行っている私立学校の様子を見ていきたいと思います。

本章では、インクルーシブで有名な幼稚園を紹介しつつ、インクルーシブ保育について考えます。

シラキュース大学の何人かの研究者やシラキュース地区の学校で働く先生に「ベストなインクルーシブの学校はどこか?」と尋ねてみました。すると、異口同音に「Jowonio（ジョボーニオ）が一番よ」と言うのです。期待に胸を躍らせて訪問しました。

Jowonio（ジョボーニオ）

Jowonioとは、シラキュース市にある私立のPre-Kです（http://www.jowonio.org/）。Pre-Kというのは Pre-Kindergartenの略で、日本で言えば、2歳児から4歳児が通う幼稚園にあたります。Jowonioの在籍園児の数はおよそ200人です。

この幼稚園が、インクルーシブな幼稚園と言われるゆえんの1つは、クラスにおける障害のある子とない子の比率にあります。どのクラスも定員は16人です。そのうち、6人が障害児であり、さらにその6人のうち2人が重度の障害児となっています。どのクラスにも一定数の、それも少なくない障害のある子がいますし、また、重度の障害のある子どももいます。教師は1つの教室につきおおむね5人配置されていました。

重度というのは、園長先生に話を聞いた限りでは、教師が1対1でつく必要がある子どもです。具体的な基準はわからなかったのですが、私が見たクラスでは、話し言葉がない自閉症スペクトラムの子どもと、同じく話し言葉がない脳性麻痺の子どもに、教師が1対1でついていました。

クラスの人数構成自体が、非常にインクルーシブです。日本の幼稚園では、障害のある子どもが16人中6人という多さで在籍することはないでしょう。もちろん、「気になる子」も含めれば、結果として、このような比率になることはありえます。しかし、前もって、もっと言えば、哲学を持って、16人中6人は障害のある子どもを受け入れている幼稚園・保育園はおそらくないと思います。この人数比率に、この園のユニークさが端的に表れています。

園長先生に、このようにインクルーシブ保育を行っている理由を尋ねてみました。すると、偏見を持っておらず、好奇心が旺盛な幼児期に、障害のある子どもとない子どもが一緒に遊び、生活することで、お互い得るものが多いだろうとのこと。さらに、障害のある子どもも、すべてができないわけではない、学習スタイルが違うというふうにとらえれば、教育可能性はたくさんあるし、障害のない子どもとともに保育をすることはできると言われました。例えば、多くの子どもが関心を持つ「恐竜」を用いながら、ある子どもには文字を教えることができるし、ある子どもには服の着替え方を教えることができると述べられました。Same content, different style（同じ内容を違う教え方で）が重要だとのことでした。

子どもの多様性を担保する教育的環境の多様性

正直言うと、教室に入ったときに最初に目が行ったのは、子どもの多様性ではなく、先生や教室――教育的環境――の多様性でした。教室ごとに飾りつけや雰囲気がまったく違うのです。「トンボクラス」「ひまわりクラス」など教室の名前が決められているのですが、単に名前だけでなく、教室の環境も、それに沿ってデザインされています。一面、トンボとか、イルカとか、ジャングルのような教室とか、先生自身が好きなんやろなぁというのが伝わってきます。森から拾ってきた木で作った椅子を用いている教室もありました。家庭的なゆったりした

Jowonioの個性豊かな教室

教室もあれば、いわゆる学校的な教室もあって、本当に様々でした。もちろん、日本の教室でも先生の個性は出ますが、その比ではありませんでした。
日本では、よく「多様性が大事だ」と言われます。しかしその場合、得てして子どもの多様性ばかりに話が行きます。しかし、本来、子どもの多様性を保障しようと思えば、先生や先生が創り出す教室も多様になる必要があります。先生が自由、教室も自由、そういう雰囲気の中でこそ、子どもたちも「いろいろでいい」と思えるものです。もちろん、すべてが「何でもあり」というわけではありませんでした。学校としてのカリキュラムは統一されていますし、「16人のうち6人は障害児」という枠は決まっています。しかし、それでも、多様性の懐の広さは、日本の幼稚園とは大きな違いがあります。

教師が、教室の環境や指示の出し方一つひとつ、コントロールされていく状況の中で、子どもの多様性を保障するというのは、矛盾しているよなぁとJowonioの教室から学びました。

保育の実際

教室の様子に驚きながら、園内の施設を見せていただき、また保育にも終日、参加させてもらいました。多くの研究者が「ベスト・インクルーシブ」と推薦するだけであって、豊かな設備と行き届いた丁寧な保育がなされていました。例えば、言語療法や理学療法のスタッフが常駐しており、かつ、それらの部屋も設置されていました。

言語訓練を行う部屋

姿勢保持を助ける椅子

また、子どもたちが遊び、学ぶ教室にも、様々なニーズのある子どもに対応できるように、工夫された教具が用意されていました。例えば、姿勢保持が難しいため、床に座り続けることが困難な子どもには、写真のように姿勢保持を助けるような椅子が用意されていました。また、感覚過敏のため教室にいることが難しい子どものために、教室を出たところにかわいい小屋みたいなものが用意されていました。また、111頁の写真のように、ロフトが作られている教室もありました。活動の一環で使用されることもあるのですが、自由遊びの時間に、子どもが1人になれるようなスペースという意味合いもあるそうです。また、教室の中にテントが用意されていて、その中で感覚過敏のある子がほっこりできるような工夫もありました。

遊びでも工夫がされています。教室は、様々なコーナーに分かれていました。「ふり遊びのコーナー」「粘土遊びのコーナー」「感覚遊びのコーナー」「一週間限定のプロジェクトコーナー」などがありました。中でも「感覚遊びのコーナー」は、ユニークなものでした。写真のように、白い綿（シルクのようなものが置かれているときもありました）が敷き詰められ、その独特の感覚を楽しむものでした。

先生のかかわりも非常に丁寧でした。日米問わず、大声で子どもに指示する保育園・幼稚園の先生に出会いますが、Jowonioでは、大声による指示は一切ありませんでした。先生が穏やかな声で子どもに話しかけ、子どもの意志を尋ねるような声かけをしていました。余談ですが、このような子ど

教室の中にある感覚遊びのコーナー

もに対する接し方は、いわゆる「ええとこ」の学校に共通しています。一方、経済的に厳しい地区にある学校では、その逆の声かけや接し方が多く見られました。

障害のある子どもへのかかわりも、とても丁寧でした。ある話し言葉のない自閉症スペクトラムの子どもは、私が見たところ、「大好きな人ができる」という愛着の形成（別府 1997）に課題を持っている印象を受けました。その子に対しては、先生が自由遊びのときに「ちょこちょこ遊び」をしたり、「ぎったんばったん」などの体を使ったやりとり遊びを楽しむことを通して、人との関係を豊かにすることを意識されているようでした。また、保護者の方の話によると、先生の対応も迅速で、個別支援計画の作成についても、理学療法士や言語聴覚士たちと一緒に会議が行われ、わが子に対する保育の説明が丁寧に行われているとのことでした。

このように、日本の幼稚園ではとても太刀打ちができないほど行き届いた教育的工夫が行われていました。実際、シラキュース地区でもこの幼稚園は大人気で、常に待機児があふれている状況だそうです。

ただ、一方で、中には次のように思う人もいるかもしれません。「設備や教具は確かに立派だが、しかし、日本でも、障害幼児の就学前施設ではそれほど珍しいものではない。それに教材・教具の工夫自体は、もちろん優れてはいるが、目新しいとは言えない。私が知りたいのは、障害の重い子どもも含め、皆がどのように遊んでいるのか？　ということだ」。確かにその通りです。

重要なのは、障害のある子どもとない子どもが、6：10という割合でどのようにともに遊び、学んでいるのかです。

結論から言えば、私たちがイメージするインクルーシブ保育とは大きく異なりました。保育の内容だけでなく、目指すところが違う、そういう意味で大きく異なりました。

第5章　優れたインクルーシブ保育に学ぶ（その2）

インクルーシブ保育の実際

Jowonioを見学する前から、「障害のある子どもと障害のない子どもがどのようにともに遊んでいるのだろう？」と興味津々でした。教室内での自由遊び、ランチ、ホールでの体育遊び、お帰りの集まりなどを見ました。その中で感じたのは、私（やおそらくは多くの皆さん）が前提としている「インクルーシブ保育」とは意味合いが異なるものでした。

子ども同士のかかわりが少ない

最も大きな違いの1つは、子ども同士のかかわりが少ないということです。日本の幼稚園であれば、おもちゃの取り合いが起こったり、順番をめぐって口論が起きることがよくあります。また、そのようなネガティブな意味だけではなく、友達同士でふざけあったり、一緒に何かを製作することもよくあります。

対照的にJowonioの場合、全体的に、子ども同士のかかわりが日本の保育園・幼稚園ほど多くありませんでした。特に自由遊びにおいて、その傾向が顕著でした。障害のある子どもとない子どものかかわりだけではなく、障害のない子ども同士のかかわりも少ないのです。

子どもたちは、それぞれが丁寧に準備されたコーナーで遊んでいました。ある子どもは、外から運ばれたいっぱいの雪に、色スプレーをかけて遊んでいます。別の子どもは、教室の中に設置されたテントの中で、先生と遊んでいます。一人の自閉症スペクトラムの子どもは、先生と1対1でくすぐりっこをして遊んでいます。粘土で集中して遊んでいる子どももいます。年少・年中の子どもたちですので、子どもだけでのかかわりが、年上の子どもに比べると少ないです。でも、それを差し引いても、日本の年少・年中児に比べると、かかわりの量・質ともに少ないのです。子どもと大人とのかかわりは多いのですが、子ども同士のかかわりは少ないのです。その少なさは、特に障害のある子どもに顕著です。対人関係に難しさのある子どもの場合、自ら他の子どもにかかわることは少なく、結果として、大人と、もしくは、自分の好きなおもちゃと遊ぶ姿がほとんどでした。あるクラスでの自閉症スペクトラムの子どもの場合、私が観察した40分の間（このときはプロジェクト活動でした）、少なくとも一度も、他の子どもとかかわることはありませんでした。

この「子ども同士のかかわりの少なさ」は、1つのクラスだけではありません。もっと言えば、他の優れていると言われるインクルーシブ幼稚園や一般の公立幼稚園でも同じ傾向が見られました。

Jowonioは大変人気があるために、待機児童が多くなり、その対策として、地域の近くの園と連携して、障害のある子どもと先生がその連携先の園に通っています。その連携先の園の実践を見ても、子ども同士のかかわり、特に障害のある子どもと、その他の子どものかかわりはほとんど見られませんでした。

なぜ、このように友達同士のかかわりが、日本に比べて少ないのでしょうか。私は大きくは2つの理由があると感じています。なお、ここからは、Jowonioだけでなく連携先の幼稚園も含めて、私が見た複数のエピソードから考察します。

「一緒・一斉」保育ではなく、各自が楽しむ保育

理由の1つ目として、保育形態の影響が挙げられます。日本の保育・教育に見られるような「一緒・一斉」の活動が少ないのです。みんなと同じように行動し、かつ一斉に始めることがあまりありません。

私が見た中では、「一緒・一斉」活動が行われているのは、朝の会と終わりの会くらいでした。ランチも、めいめいに食べ始めます（【番外編】78頁参照）。「雪」をテーマにプロジェクト学習をするときも各自がそれぞれ楽しむ保育形態でした。教室にいくつかのコーナーが設置さ

れ、子どもがめいめいに好きなコーナーで遊びます。また、「ここで遊びなさい」と先生が指示するわけではありません。ですので、当然、子どもは、ちらばって遊ぶことが多くなります。結果、いざこざや、協力して遊ぶ機会が少なくなります。子ども同士がかかわりたくないと言うよりも、各自が楽しむ保育を志向しているために、子どものかかわりが少なくなっています。

間接保育（子ども同士をつなげる保育）が見られにくい

とは言え、「各自が楽しむ保育」だけでは、十分な説明ではありません。遊ぶためのコーナーが散らばっていても、子ども同士がかかわることがあってもよいはずですから。そう思いながらモヤモヤしていたときに、腑に落ちたエピソードに出会い、考えを深めることができました。

子ども同士のかかわりが少ない2つ目の理由は、先生が子ども同士をつなげる保育を積極的にしないからです。端的に言えば、間接保育が少ないのです。

あるクラスの子どもたちが、ジム（体育）の時間に、ホールで遊んでいました。16人のクラスで、うち、障害のある子どもは6人です。脳性麻痺の子どももいれば、ＡＤＨＤと思われる子どもなど様々な子がいました。基本は、自由遊びでした。

その中で、障害のある子どもを含めた何人かの子どもたちが、「ターザン遊具」（アメリカではzip lineと言います）を始めました。先生に助けてもらいながら、順番に並んで遊びます（皆が行儀よく一列に並び、トラブルにならないことも驚きました）。皆、とても楽しそうにこの活動に取り組んでいました。ただ、先生は、この活動を全員に求めません。ある子どもは、ボールをバスケットに入れて楽しんでいたり、ある子どもは、電車のおもちゃで楽しんだりしていました。繰り返しますが、「一緒・一斉」保育ではありません。

子どもたちは、zip lineで楽しく遊んでいたのですが、日本の保育者（少なくとも私が出会ってきた保育者）のかかわり方との違いに気づきました。Jowonioの先生方は、「待っている子ども」「見ている子ども」に声をかけることがないのです。30分ほど遊んでいましたが、私が見ている限り、zip lineをしていない子どもに声をかけることは一度もありませんでした。

日本の保育者であれば、zip lineをしていない子どもに対して、「ほら、今、○○ちゃんジャンプしてるよ。見て見て」とか「がんばれって言おうね」などと声をかけることが多くあると思います。子ども同士をつなげようとする声かけや指導——間接保育——が、日本の保育者は多いのです。

この時期の子どもたちは、他の子どもに関心があったとしても、関心を持ち続けることは難しかったり、どうかかわっていいかわからないことがあります。障害のあるなしにかかわらず、子どもだけで子ども同士の遊びを維持・発展させることは困難です。そのため、日本の多くの保育者は、子どもたちの間に入って、子ども同士のかかわりを発展させようとしますし、子ども同士をつなげるような声かけを多くします。

私が見えていないところで、Jowonioやその提携先の幼稚園において、子ども集団を豊かにする取り組みが行われているのかもしれません。しかし、私が見た限りでは、このような間接的保育は、日本に比べてあまり見られませんでした。この間接保育の少なさが結果として、子ども同士のかかわりの少なさに関係しているように思います。また、私が間に入ると、すぐに子ども同士のかかわり（トラブルも含め）は見られるようになりました。Jowonioの子どもがそもそも相互作用的ではないということではありません。

第6章　インクルーシブ教育の異なるかたち

ここまで見てきたように、貧困地区のインクルーシブ教育であれ、優れたインクルーシブ教育であれ、日本のインクルーシブ教育とは、その内実が異なっていました。第2部のまとめとなる本章では、私が見てきたシラキュースのインクルーシブ教育を、日本のインクルーシブ教育と対比させながら、語っていきます。

インクルーシブ教育の前提やイメージが違う

繰り返しになりますが、日米のインクルーシブ教育について優劣をつけたいわけではありません。そもそも優劣をつけることはできませんし、そのような作業に意味があるとも思えません。そうではなく、両者にある本質的な違いが何かを知りたいのです。

私が一番強く感じたのは、「インクルーシブ」という言葉は同じでも、そのイメージが大きく異なることです。

私を含めた日本の実践者の多くは、「インクルーシブ教育」と聞くと「様々な子どもが、同じ授業の中で同じ内容を学ぶ」「様々な子どもが一緒に遊んで絆を深める」と考えがちです。こういう考えは、インクルーシブ教育を進めるうえで当たり前のように感じます。しかし、この前提は、決して当然のことではないとわかりました。

シラキュース：「違いを尊重（difference）・個人主義（individual）」のインクルーシブ教育

シラキュースのインクルーシブ教育を象徴するキーワードは2つあります。

1つは、difference（違い）です。卒業式（第3章）で触れたように、そもそも出発点からして違い（difference）が厳然として存在しています。生まれ落ちた瞬間から肌の色といった生物学的な違いがあります。宗教による文化的な違いもあります。さらに、授業を受ける中での違い＝個別的な対応もしばしば見られます。障害のある子どもが、取り出し指導を受けるのは日常的にありますし、逆に障害のない、優秀な子どもでも授業を抜けることがあります。

シラキュース大学で開催されたインクルーシブ教育に関するワークショップに参加しました。そこでdifference（違い）が話題になりました。私は他の参加者に「なぜそこまでして違いを尊重するのか？」と尋ねました。先方は、なぜそんなことを今さら聞くのか？　と怪訝な様子でしたが、次のように答えてくれました。ある方は「Difference is fact.（違いは事実だから）」。もう1人の参加者は、「Difference is beautiful.（違いは美しいから）」とのこと。障害を含めた違いを当たり前のこととして、受け入れる姿勢があります。だからこそ、多少の違いがあっても気にならないでしょうし、むしろそれを肯定的にとらえる雰囲気があります。この雰囲気は、障害のある子どもにとっては、楽ちんだと思います。みんなと同じようにする必要もないし、むしろ違いはユニークなものとしてとらえる雰囲気すらあるわけですから。それは、Jowonioの保育（第4、5章）の「一人ひとりが、それぞれのやり方で楽しむ」ことが優先されることに象徴されます。

シラキュースのインクルーシブ教育を理解する2つ目のキーワードは、individual（個人主義）です。「つながりを（それほど）重視しない」とも表現できます。その典型例は、第2章で取り上げたMind your own businessです。お友達が授業の輪から外れて「勝手」な行動をしたときに、その子にかかわることは推奨されませんでした。まずは自分のことをしっかりする（Mind your own business）ことが大事なのです。必然的にインクルーシブ教育のあり方は異なります。

それは、Jowonioの保育からもわかります。子どもの多様性だけではなく、教師や教育環境の多様性も保障されたとても素敵な園でした。そのJowonioでは、友達同士をつなげるようなかかわりを、日本ほどは、重視されていませんでした。

もちろん、先生方がまったくつながりを重視していないわけではありません。子どもたちが自然な文脈で、他者を知り、気づいていくことを重視しているのだと思います。実際、ある女の子は、脳性麻痺のある子どもが移動するときには、いつも寄り添って「こっちだよ」「一緒に行こう」と言うように導いていましたし、そのことを先生は「素敵だね」と語っておられました。意図的に（もしくは無理に）子ども同士をつなげようとしないのです。この根底には、individual（個々を尊重する）という価値観があるのでしょう。

以上をまとめると、「違いは尊重する。でも、その違いのままでかまわない。あえてつなげようとすることはない」というdifference-individualなインクルーシブ教育であると言えます。

日本：「同じ（sameness）・つながり（relationship）」を重視するインクルーシブ教育

日本のインクルーシブ教育を象徴するキーワードは2つあります。

その1つは、「sameness（同じ）です。アメリカではdifferenceが核になると言いましたが、その対極となる鍵概念です。日本人の場合、生物学的に同じ割合が高いです。日本人は単一民族ではありませんが、アメリカと比べると、肌の色や髪の毛の色が同じ傾向が強く、体格も似ています。文化的にも大きな違いはありません。宗教的な対立は少ないですし、食習慣も似ています。

保育・教育の中でも様々な水準で「同じ」が強調されます。もし、子どもが髪の毛を赤くして登校してきたら、大騒ぎになるでしょう。また、授業を抜けて、個別指導を受けることは、障害の有無にかかわらず、多くの子どもが嫌がります。他の子どもと「違う」ことを嫌うからです。ですから、この「同じ」がインクルーシブ教育に影響を及ぼすことは容易に想像できます。実際、「他の子と同じように」を求める傾向は強くあります。

日本の場合、多様性とは言いつつも最終的には、「一緒・一斉」という「同じ」を象徴する枠組みの中で保育・教育が行われています。学年も同じ、カリキュラムも同じ、授業内容も同じ、という「一緒・一斉」という強固な枠組みの中で、障害のある子どもも、そうでない子と同じように学ぶことを目指しています。子どもの特性をふまえた上で、様々な工夫が行われることもありますが、そこに通底しているのは、「今、この授業の中で、皆が一緒に学ぶにはどうしたらよいか」という問題意識です。そして、その「同じ」枠から外れた子どもは、「問題」のある子どもとしてとらえられます。

一方、繰り返しになりますが、私が見てきたシラキュースの現場では、「皆で同じことを同じようにする必要はない」という価値観が前提です。違いが尊重されるのです。だからこそ、それぞれの子どもの意向を大事にして、ことさらつながりを求めることなく保育が行われています。

2つ目のキーワードは、relationship（つながり）です。これは、individual（個々）と対極の概念です。日本では、「障害のある子とない子がともに学ぶ」と言うとき、「ともに」の中に何らかの相互作用を想定します。障害のない子どもと障害のある子どもが、かかわる中でお互いに成長するというのは、多くの実践記録でも報告されています。また、インクルーシブ教育に関係する本の多くが、「つながり」を重視しています。

インクルーシブ教育を考えるうえで「つながり」を重視することは、当然のように思えます。自明のことすぎて、「つながらないインクルーシブなんてない」と思われるかもしれません。

しかし、これまで報告してきたように、〈つながり＝インクルーシブ教育の必須要件〉とは言いきれません。少なくとも日本のような「つながり」を前提とする必要はないのです。Mind your own businessを前提としたうえでの「つながり」と、友達との仲を優先する「つながり」とでは意味が異なります。日本の場合ややもすると、とにかく一緒の場にいるだけではダメで、かかわりあいながらでないと「よい」インクルーシブ教育とは言えないという雰囲気があります。下手をすると「つながり過剰」インクルーシブ教育になります。

以上のことをまとめると、シラキュースと日本のインクルーシブ教育の違いは次頁のように図示できます。

シラキュースのインクルーシブ教育は、difference と individual に価値を置く教育です。「違いを重視・尊重し、個々の活動を重視する教育」です。

一方、日本のインクルーシブ教育は、sameness と relationship に価値を置いています。「皆と同じ（一緒・一斉）ように学ぶことを重視し、かつ、友達同士のつながりを重視する教育」です。

インクルーシブ教育のハードルが高い日本

日米のどちらがよいかは、単純には評価できません。ただ、少なくとも、インクルーシブ教育を進めるという観点で見た場合、日本は、相当ハードルが高いでしょう。日本の場合、「皆と同じように学び、かつ、友達同士のつながりを求める」性質のインクルーシブ教育です。発達障害のある子どもにとって、冷静に考えるとこれはかなり厳しいことです。

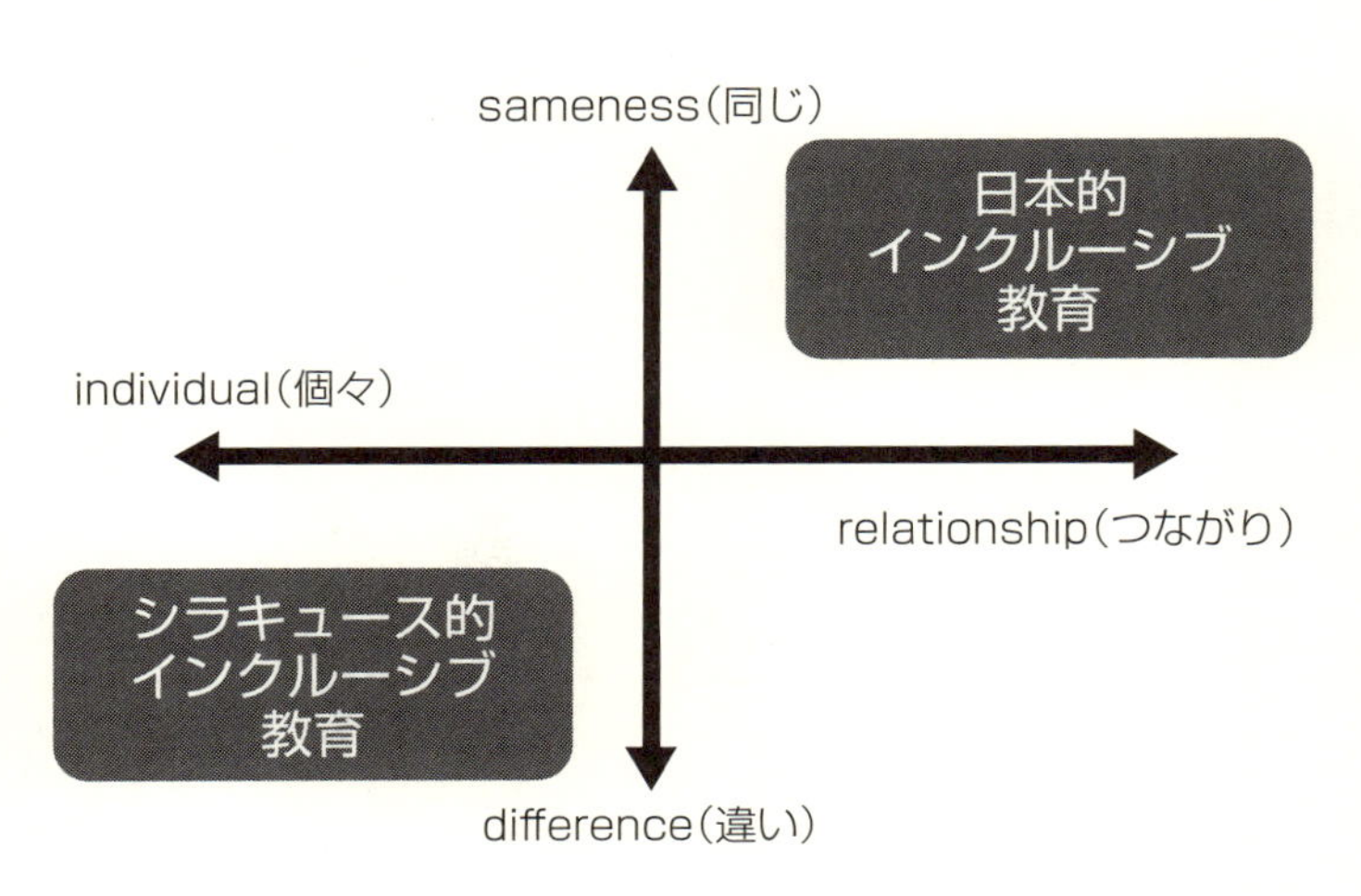

自閉症スペクトラムの子どもたちの場合、独特のルールがあったり、こだわりを持っています。皆と同じように座って学ぶのが難しい子どもたちもいます。また、友達とはまだ十分に遊べず、1人で楽しむことが好きな段階の子どももいます。「違いを認めながらつながる」のであればまだしも、「皆と同じようにしながら、つながる」のは、自閉症スペクトラムのある子どもにとっては簡単ではありません。

知的障害のある子どもにおいても、日本のインクルーシブ教育のハードルは高いです。「違ってもいい」「過度につながらなくてもよい」ということであれば少々勉強のペースが違っても、また遊び方が違っても、少なくともその場にはいやすくなるでしょう。しかし、過度に「同じ」「つながり」を求められる授業であれば、彼らの居場所を教室に確保することは、厳しくなります。このように「同じ」「つながり」を求めれば求めるほど、障害のある子どもを追いつめていく傾向があります。

現在、日本では、インクルーシブ教育が進めば進むほど、特別支援学校や学級に行く子どもが増加するという、珍妙とも言える状況に陥っています。学習形態の枠組みを変えずに、皆が同じように学べるように授業方法が検討・考案されています。しかしそうすればするほど、その枠から外れるしんどい子どもが明瞭に浮かびあがり、その枠からこぼれ落ちてしまいます（窪島 2014）。「同じ・つながり」の価値から自由にならない限り、この珍妙な状況は続くでしょう。

インクルーシブ教育の新次元へ

……と、日本のインクルーシブ教育を批判しましたが、かと言って、私が見てきたシラキュースでのインクルーシブ教育がすべて「よい」とも思いません。子ども同士が密にかかわる中で、子どもが変わっていく姿を、日本の教育実践でたくさん見てきたからです。いくらハードルが高いと言われようと、自分とは異なる他者と密にかかわる中でこそ、インクルーシブの意味が出てくるように思うのです。

このようにモヤモヤしていたところ、新しいインクルーシブ教育を行っている学校に出会うことができました。日本の良さである「かかわり（relationship）」を重視する価値と、シラキュースの良さである「違い（difference）の尊重」という価値を組み合わせた学校です。

The New Schoolという私立学校です。ここは、年長（5歳児）から中学2年生まで、そして、障害のある子もない子も、全員がともに学び、遊びあい、そして幸せを目指すという大変ユニークな学校です。

第3部では、この学校を紹介する中で、インクルーシブ教育の新しいかたちについて考えていきます。

《第2部　文献》

別府　哲（1997）自閉症児の愛着行動と他者の心の理解　心理学評論 40, 145-157.

清水貞夫（2010）インクルーシブな社会をめざして：ノーマリゼーション・インクルージョン・障害者権利条約　クリエイツかもがわ

ダグラス・ビクレン（2009）「自」らに「閉」じこもらない自閉症者たち：「話せない」7人の自閉症者が指で綴った物語　エスコアール出版部

窪島　務（2014）特別ニーズ教育の今日的課題と「インクルーシブ」教育論の方法論的検討　SNEジャーナル 20, 75-88.

コラム　Teaching is personal.

アメリカ滞在中、受け入れ教員のゼミにも参加させてもらいました。そのゼミでのひとコマを少し。

科学教育のゼミ

私の受け入れ教員（シャロン先生と言います）の専門は、科学教育（science teaching）。元高校の先生で、女性の方です。教師を目指す学生を教えておられます。

シャロン先生は、日本発祥の Lesson Study にも興味を持っておられます。Lesson Study は日本語で言うと「授業研究」です。日本では授業研究はとてもありきたりなので、なぜ今さら、授業研究？　と言うところです。しかし、この「今さら」にこそ、何かあるのではと思い、シャロン先生のところで1年間、お世話になることにしました。

シャロン先生は私と同年代で、子どもも同じくらいの年齢ということもあって、家族で一緒に遊ぶこともありました。シャロン先生のお宅に初めて伺ったとき、なんと和食をふるまってくれるというサプライズがありました。とんかつやきゅうりの酢の物ですよ！　しかもシャロン先生は、日本には来られたことがありません。「見よう見まねで作ってみたけどお口に合うかしら」とのこと。「おもてなし」は日本の専売特許だと思っていた自分が恥ずかしくなりました。「おもてなし」は万国共通の「OMOTENASHI」でした。

ゼミの雰囲気

ゼミは週1回あります。シャロン先生の他に、同じ講座の教授や院生が参加します。子育てをしながら院生をされている方、ケニアやウガンダからの院生もいます。ケニアからの院生は、母国で高校の物理の先生をされていました。中国からの留学生もいます。国際色豊かなゼミです。

ゼミの雰囲気は受け入れ教員の人柄が出ているのでしょう。率直な意見がどんどん出つつも、とっても和やかに進みます。論文を書かなければというプレッシャーはもちろんあるとは思うのですが、それぞれの参加者が、発表者の研究を楽しんで聞き、楽しんでコメントし合う雰囲気にあふれていました。私も、そんな和やかな雰囲気におされて、拙い英語でコメントしたりしてディスカッションを楽しみました。

Teaching is personal

さて、ある日のゼミのことです。その日はシャロン先生の発表でした。北米の教員養成大学において Lesson Study がどのように取り組まれているかについての報告でした。Lesson Studyの枠組みは、基本大きくは変わりません。子どもがどのように考え、また、つまずいているのかを、授業中の子どもの発話や行動をもとに丁寧に考え、そこから、授業の改善策を考えます。ですので、最初は私もシャロン先生も参加者も、違いがよくわかりませんでした。しかし、私が日本の状況を説明していた途中で、皆さんの顔が「Oh★? Ah!?★●?」となりました。

私が「教育実習では、学生が授業をするときに担任や他の学生が見に来るし、場合によっては他のクラスの先生も見に来る。これは実習の場合だけではない。ある先生が授業をする際に、他の先生が見に来て、その後、皆で授業研究をすることがある」と説明したことに、皆さんの顔がポカンとなりました。

アメリカでは「他の先生が、別の先生の授業を見る」こと自体が、一般的には「ありえない」とのこと。教育実習の場合でさえ、実習生同士で授業を見ることは大変まれだそうです。

確かに日本でも、そう頻繁にお互いの授業を見ることはありません。ですが、それでも、公開授業などで他の先生の授業を見る／見られる、議論する機会は、年に数回はあるでしょう。

しかし、アメリカでは、そういう機会が「ない」と皆さん口を揃えて言うのです。その理由は、「Teaching is personal. だから」だそうです。最初はこの意味がまったくわかりませんでした。教育って public なもののはず。今度はこちらが、「うん★！？ どういうこと！？★●？」となる番でした。

赤木のポカンとした顔を見て、院生（元小学校の先生）の方が説明してくださいました。要約すると、「教師は、教えることとは、非常に個人的なことであると考える傾向がある。他の先生にどうこう言われるものではないと感じている。だから、他の先生に見られるのを嫌うし、議論もしない」とのこと。そして、授業がその先生のpersonalなものに閉じているために、授業が我流になり、授業の質が上がらない傾向が強いそうです。

そして、シャロン先生が、授業をお互いに見合ってアドバイスすることが少ない理由を、もう一つ教えてくれました。教員評価が関係していると言うのです。アメリカの公立学校では、annual professional performance review と言って、校長が教師の評価をする制度が取り入れられています。その評価は、大まかに言うと相対評価。つまり、もし授業で他の教師にアドバイスをして、その教師の評価が上がれば、自分が損することになるのです。

というわけで、授業を皆で検討し合うことが中核となる Lesson Study の効果は一部の研究者はわかりつつも、アメリカではなかなか広まらないのだそうです。あぁ、何ともびっくり。

　日本の授業研究にもいろいろ問題があるとは思います。授業検討会で批判的なコメントに終始して、授業者のプライドとやる気を握りつぶす指導主事や、授業を見たにもかかわらず授業と関係のない自分の主張を繰り広げる校長、「よかったです」とだけ言ってさっさと帰っていく参加者、等々。

　しかし、アメリカの状況を聞くと、いろいろ問題はありつつも、教員の同僚性を核に、皆で授業の力量を上げようとする日本の授業研究の良さをもっと自覚するべきだなと感じました。

　さらに、教員評価についても議論になりました。日本では、アメリカを見習って「教員評価を取り入れ『怠けている』教師を管理し、教師の質を上げようとする流れがある」と言うと、皆さん、口を揃えて、「うーーーーん、やめといたほうがいいんじゃない」とのこと。

やっぱそうですよねぇ。

第3部　インクルーシブ教育の新しいかたち

第1章　小さな私立学校とインクルーシブ教育

ここシラキュースで、不思議な学校に出会いました。The New School（以下、New School）という、全校生徒およそ30名の小さな私立学校です。閑静な住宅街の中にあります。写真のように、あまりにも小さな建物でしたので、最初に訪問したときは、校舎とは夢にも思わず、ただの古びた事務所だと思って通り過ぎたほどです。それくらい小さな学校でした。運動場もプールも給食室もありません。小さな建物と、単なる「庭」と言ってもよいくらいの小さな校庭があるだけです。

New School

突き抜けたインクルーシブ：
5歳児から中学生までともに学ぶ・障害のある子もない子もともに学ぶ

この学校のユニークさは、小ささにはありません。インクルーシブ教育を徹底している点にあります。ここでは、幼稚園の年長さんから、中学生までの30数名全員が皆で学ぶのです（その8割が小学生です）。いわゆる異年齢教育です。その徹底具合は、学年や学級という概念がないことに象徴されます。

先生が、「4年生のエマ」と学年をつけて名前を呼ぶことはありません。「エマとクロエと、イザベラの3人でこの勉強をしましょう」という先生の呼びかけはありますが、「3年生と4年生の皆さん、おいでー」と学年でカテゴライズする指示はありません。教室の壁には、子どもたちそれぞれが「子どもの目標」を書いているものはあります。しかし、どこを見ても年齢や学年が書かれた掲示物はありません。

親もそういう認識のようです。ルーカス（6年生）のお父さんと話したときに、ルーカスの年齢と学年を尋ねたことがありました。すると、11歳という年齢は出てきましたが、学年がさっと出てこないのです。「あれ、うーん、6年生やったかなー」とのこと。いや、これは驚きです。子どもだけではなく親までも学年をそれほど意識していないのですから。

また学級（クラス）という概念もありません。さきほど皆で学ぶと言いました。また、もちろん、小集団で学ぶことも多いのですが、決まったクラスはありません。そのときどきに応じて、その活動に適切な集団が設定されたり、子どもたちの関心に応じてグループがつくられます。そのため、固定した学級（クラス）というものがありません。入ってすぐの壁には、We really appreciate our community.（私たちは自分たちの集団に本当に感謝します）と書かれています。単位はclassでもschoolでもなくcommunity（学校全体）ということがわかります。

全校生徒のうち、おおよそ4分の1が、障害のある子どもたちですが、基本的には同じように皆と学びます。学年やクラスを意識しないのと同じように、障害も意識していません。後で述べますがカリキュラム上、このような属性を意識する必要がないからです。ですので、友達が障害を持っていることを知らない子どももいるでしょう。その場にいる皆が一緒に学ぶ、それ以上でも、それ以外でもありません。

でも、皆さんの中には、「みんなで学ぶって言っても、遊びはともかく、勉強はどうするのよ」「話し合いとかできないでしょ」「障害のある子どもは理解できず、ポツンといるだけでは？　インクルーシブの負の側面が前面に出ているんちゃうの」と思われるかもしれません。

普段の授業風景

確かにそう思われるのももっともです。何より、私も学校に行く前は、このように思っていました。

しかし、とても不思議なのですが、実際に教室に入ってみると、幼い子どもも、中学生の女の子も、障害のある子も、英語ができない子どもも、なんと言いますか、フッーに学んでいるのです。1人だけ何も理解できずにポツンといる子どもはいません。その場にいるとフッーなのですが、こうして文章を書いてみると、確かに、なぜフッーに皆で学ぶことが可能なのか、自分でも不思議です。

New School に娘が通う

私がNew Schoolを深く知ったのは、娘が9月からこの学校に通うようになったことがきっかけです。アメリカで最初に通った公立小学校では、様々な理由で十分に適応することがで

子ども同士学び合う

きませんでした。いくつかの学校を見学して、New School に決めたものの、「言葉が通じない」という事態は根本的に変わっていません。それに、これまでの経験で、娘は英語やアメリカの学校に対して、恐怖心を持っていました。スーパーなどに行って英語が飛び交うと、しんどくなって動けなくなることもありました。

ですので、果たして、この学校で適応できるのか、不安でした。何より娘が一番不安だったでしょう。

その心配はいい意味で裏切られました。最初の1ヵ月こそ午前中だけの登校で、親の付き添いが必要でしたが、それ以降は、全日通うようになり、また、徐々に付き添いも減っていきました。大好きな友達もできて、誕生日パーティーにも呼ばれるようになりました。3月末の帰国間際は、「日本に戻りたくない」と話すようになりました。学校が楽しくなると、英語の力も上がるものですね。日常会話のリスニングに関しては、私を越えるようになりました。

付き添いと研究を兼ねて、私も授業に参加しました。3月末までほぼ毎日、教室の中に入り、様々な実践を見る機会に恵まれました。全員の子どもの名前と好きなものを憶え、一緒にたくさん遊びました。娘の付き添い、そして娘の見違えるような成長ぶりを実感する中で、New School の不思議さ、面白さに魅了されるようになりました。娘や子どもたちの成長を描きながら、異年齢集団の中で子どもたちがどのように学んでいるのかをお伝えします。

広いとは言えない校庭

第2章　New School の概要

New School の概要

New School は、シラキュースにある私立学校の1つです。K-8 School と呼ばれる学校で、幼稚園(Kindergarten) の年長児から8年生までの子どもたちが学びます。「8年生」とは聞き慣れない言葉ですが、日本では中学2年生にあたります。ですので、K-8 School とは、年長児から中学2年生が在籍する学校という意味です。

2015年度の全校生徒は、32名です。学年別には、年長3名、小学校1年生3名、2年生5名、3年生5名、4年生2名、5年生5名、6年生8名、7年生0名、8年生1名、という

New Schoolの子どもたち

構成です。毎年30名前後の児童・生徒が在籍しています。

人種的には、白人が圧倒的に多くなっています。アフリカン・アメリカン（黒人）の子どもが2名、アジア人（うちの娘）１名をのぞけば、その他29名は白人です。人種の偏りは、教員によれば、授業料が関係しているとのことです。授業料は、年間9千ドル（日本円で約１００万円）です。日本人の感覚からするとギョッとなるような額ですが、シラキュース地域の他の私立小学校に比べると良心的な額です。１年間で２００万円！という私立小学校もありました。

入学動機については、教員の方の話によると、おおむね6割が公立学校で不適応を起こした子どもで、残り４割が学校の理念や実践に賛同したからということのようです。

障害のある子（正確には、ＩＥＰ：個別教育プログラムを持っている子ども）の数は、おおよそ４分の１です。知的障害と自閉症スペクトラムを併せ持っている子どももいれば、情動調整に困難を抱える子ども（emotional disorderと呼ばれていました）や、行動障害がある子ども、学習障害や軽度の知的障害のある子どもが在籍していました。

正規教員は3名、他に校長が1名、補助教員（パートタイムのような形）が1名、そして学生ボランティアが時間帯によって1～2名ついています。

New Schoolは、オルタナティブスクールの性格を有しています。オルタナティブスクールとは、藤根・橋本（2016）によれば、日本においては、学校教育法第一条で定める学校、不登校児の一条校への復帰を目的とする公的施設などをのぞいた、ある程度組織化された学びの場を指します。例えば、フリースクール、デモクラティック・スクール、シュタイナー学校などがあげられます。共通しているのは、現在の公教育に対して何らかの批判的スタンスをとって学校を設立・運営・実践していることです。

New School 自身は、オルタナティブスクールと名乗っているわけではありません。しかし、その歴史を見ると、オルタナティブスクールの性質を持つと理解できます。New School は、1988年に設立されました。当時、設立にかかわった先生によると、公立学校の画一的な教育に批判的なシラキュース大学の教授や保護者が集まってできたそうです。何より、アメリカの公立小学校に比べると、相当程度、ユニークな教育スタイルをとっていることからもわかります。繰り返しますが、幼稚園から中学生まで、ともに学ぶ学校は、大変独自です。もっとも、異年齢教育を実施している学校は、ないわけではありません。例えば、シラキュースにもあるモンテッソーリ小学校は、異年齢教育を実施しています。しかし、そこでは、1年生から3年生といった「限定的」な異年齢教育です。New School のように、幼稚園児から中学生までと幅広く異年齢で教育を実施する学校は、非常にまれです。

New School の学校目標：「自分を大事にする」「他人を大事にする」「物を大事にする」

アメリカは、9月に新年度が始まります。新年度に行った活動の1つは、写真のように、学校目標を色で塗ることでした。学校目標は、「自分を大事にする Taking care of self」「他人を大事にする Taking care of others」「物を大事にする Taking care of materials」の３つです。

このことは、教育実践にも如実に表れていました。例えば、ジム（体育）の時間の実践のあり方についてです。他の多くの学校では、ジムの時間＝自由時間と考えられており、ルール遊びのようなものを先生が意図的にすることはあまりありません。先生は個々の子どもにかかわりますが、集団をあえて組織するような遊びを取り入れることはまれでした。特に貧困地区の学校では顕著でした。しかし、New School では、毎日あるジムの時間に、「しっぽとり」のように集団で遊ぶ活動を必ず取り入れていました。また、学校初日は、１４９頁の写真のように、バルーンをしたり、フラフープの中に順番に入っていく遊びを取り入れるなど、皆で遊ぶことに重点を置いていました。友達や集団を大事にする姿勢を感じました。

さらに特徴的なことに、掃除の時間が毎日設定されていました。アメリカでは子どもたちが掃除をすることはまれです。少なくとも、私は、他の小学

「自分を大事に 他人を大事に 物を大事に」

校で子どもたちが掃除する場面を見ませんでした。掃除をすると「大人の仕事を奪うことになる」という理由で掃除はすべきではないとさえ考えられています。

ところが、New Schoolでは、子どもたちが毎日掃除をしています。全体をチェックする役割や、掃除機をかける役割、モップで廊下を拭く役割などを日替わりで担当します。先生に聞けば、「物を大事にする（Taking care of materials）」ことの具体化とのこと。掃除のレベルはお世辞にも上手とは言えないところもあるのですが、それは大丈夫。子どもが帰った後に清掃の業者を頼んでおられました。掃除が、明確に「物を大事にする」や「チームで物事を進める」といった教育目的で実施されていることがわかります。New Schoolの特徴がよく表れています。

掃除をする子どもたち

学校初日のバルーン遊び

コラム　多様性の中で学ぶ子どもたちの息づかい

（その1）穏やかでゆるい

学年も障害も意識することなく、幼稚園から中学までともに学ぶ子どもたち。そんな多様性の中で学ぶ子どもたちの息づかいを紹介します。子どもたちの様子に、日々感動し、大笑いする毎日でした。子どもたちの特徴は、「穏やかでゆるい」「異質なものへの旺盛な好奇心」「気づかい」の3つです。

ユニークな子どもたちが、どのようにともに学んでいるのか、学習形態やカリキュラムの様子について、このコラムを頭のすみっこにひっかけながら、第3部をお読みいただければうれしいです。

穏やか　何より子どもたちが穏やかでした。娘が、初日学校に行き、家に帰ってきた最初の一言は「怖くなかった」です。言葉がわからなくても、いや、言葉がわからないこそ、娘は、教室や子どもの雰囲気には敏感です。真っ先に「怖くない」という雰囲気を感じたのでしょう。確かに、いつ学校に行っても、子どもたちが大声を出してケンカしたり、手を出すということが皆無と言っていいほどありません（もちろん、口論になることはありますが、それで手が出ることはありません）。

また、娘との距離の取り方も節度のあるものです。Hello! などの挨拶はしてきますが、最初から娘にいきなり猛烈に話しかけたり、娘を触ったりはしません。少し様子を見ている感じです。とにかく学校が穏やかなことに驚いた印象があります（以前に娘が通っていた貧困地区にある公立学校では、初日に、同級生の女の子たちが娘の髪を触ってきて、娘は怖かったと言っていました）。

ゆるい　ただ、先生の話を「静かにまじめに聞く」という雰囲気とも違います。このあたりの言語化がなかなか難しいのですが、なんと言いますか、子どもや学校の雰囲気が「ゆるい」のです。ミーティングでは、みんな、床に座りながら先生の話を聞きます。ちゃんと座って聞いている子もいますが、そうでない子も多くいます。

ジェイコブ（年長）は、午後で疲れたのかゴロゴロ寝転がりながら別のことをぼーっと考えています。先生や6年生の女の子がやんわり注意するのですがあまり聞いてません。アリアナ（4年生）は、先生が熱心に話しているときに、娘や私をちらちらみながら、水筒から水をプシュッと飛ばして自分の顔にかけて、私たちを笑わそうとします。私たちがニヤニヤしていると得意げになって、繰り返しています。「いや、そこ話聞いたほうがいいんじゃないの」とヒヤヒヤするのですが、まったく気にしていません。スカーレット（3年生）は、衣装が凝っているのですが、そのセンスが独特です。ある日、娘に付き添った妻から聞いた話です。彼女は、紫色のイカの帽子をかぶってきました。しかし、どう見ても妻にはカブリモノにしか見えなかったそうです。顔しか出ていないのですから。イカの頭で、真面目に先生の話を聞いています。誰も気にしていません。イカと真剣な面持ちとのギャップに、妻は心の中で爆笑していたそうです。

先生も穏やか　子どもたちの穏やかでゆるい雰囲気には、先生の接し方が大いに関係しています。どの先生も、大声を出しません。半年以上通いましたが、ただの一度も大声を出したのを聞いたことがありません。もちろん注意することはありますが、普通のトーンで子どもたちに「なぜいけないのか」を説明する程度です。怒鳴りません。むしろいつも以上にゆっくりと静かに注意されます。言葉がわからない子にとって、この穏やかなトーンは、大きな安心感につながります。

アメリカでも、日本と同様に、大声を出したり、脅すような姿勢で子どもを注意する先生はいます。ある公立幼稚園の先生は、子どもが廊下でしゃべっているのを見て、「こら、教室に戻りなさい」「静かにしなさいって言ったでしょ。あなたたちは私を悲しませているのよ！（You make me so sad!）」とぶちぎれます。どう見ても悲しんでいるようには見えません。全身でものすごく怒ってはります。いや、もうこのぶちぎれ具合は、ワールドクラスです。見ている私まで全身が委縮します。

しかし、New Schoolの先生方は、注意はするものの深追いしません。普通は、何度か言っても聞かなかったり、同じ「よくない」行動を繰り返したりすると、「何やってるの。さっきも言ったでしょ」と繰り返し子どもを注意して追い込んでいくことがしばしばあります。ところがここでは、注意はするものの、まぁ、それはそれ、という感じで何度も繰り返さないのが特徴的です。子どもも大人もともにどこか（いい意味で）「ゆるい」のです。イカのカブリモノをして話を聞く子どもに注意をしないのですから、そのゆるさはわかっていただけるでしょう。

もちろん、こういう指導が成り立つのは、子どもたちそれぞれの力があることも関係しています。どの子どもも、すぐに感情的になりませんし、自分たちである程度自制ができます。だからこそ、このような先生方の指導でも大崩れしないのだとは思います。

ただ、私語や友達に手を上げることについては、「ゆるい」指導ではありません。一度、ある子どもが他の子どもに手を上げたことがあったのですが、そのときは「なぜそうなったのか」「今後どうすればいいのか」ということを、皆で徹底的に話し合っていました。

と、いろいろ細かいところはありますが、全体としては、穏やかでゆるい子どもたちと、その雰囲気をつくっている学校です。

安全と安心　こうして書いてくると、安全と安心は違うことがわかります。貧困地区にある公立学校は「安全」ではありますす。問題行動を続ける子どもは、Time out roomに連れていかれますし、場合によっては警察に呼ばれます。暴力が蔓延することはありません。そういう意味では「安全」です。でも、それを「安心」とは言えません。誰かが悪いことをしていないかと見張りがついており、そして、問題を起こしたら誰でもこの場にはいられない、そういう場が、「ゆる～くても、全然OKよ」という安心感につながるとは思えません。

穏やかな声に囲まれて、些末なルールは気にしない環境、いわば心が安らかになる環境の中で、子どもは自分を出せるのだと思います。だから、心のシャッターが閉じていた娘が、そろそろと自らもう一度シャッターを上げることができました。

もっとも、厳しい地区にある公立小学校の先生や子どもを批判しているわけではありません。公立小学校の先生も子どもも、おかれた環境の中で懸命に暮らしています。公立学校の先生の多くも、「これがベストではない」とわかりながら「こうせざるを得ない」状況に陥っているのだと思います。さらには、部外者の私には見えない努力もたくさんされていることと思います。だから批判する意図はありません。

そのうえでとなりますが、学校における安心感の重要性やその背景にあるものを、この小さな私立学校から学ぶことができました。

ブロックで遊ぶ子どもたち

第3章　流動的異年齢教育

「年長児（5歳児）から中学生までがともに学ぶ」教育がどのように行われているのでしょうか。子どもの個別学習計画および学校の日課をもとに、その内実を探っていきましょう。

個別の週間学習計画表：コントラクト（Contract）

子どもたちは、毎週月曜日の朝に配られる「コントラクト」という個別の週間学習計画表をもとに学習を進めます。このコントラクトは、それぞれの子どもで異なっています。教員集団が、それぞれの子どもに応じた学習計画表を、毎週作成しています。

例えば私の娘（小学校3年生）の場合、入学して約半年経過した2月に、次のようなコントラクトが作成されました（表1参照）。

このコントラクトから、次の3つの特徴を学ぶことができます。

表1　娘（小学校3年生）の2月1日から5日の学習計画表（コントラクト）

	月曜日	火曜日	水曜日	木曜日	金曜日
9:00-9:20	朝の会㉜	エレナ先生と理科（単元：水のお話）の授業⑤	朝の会㉜	リョウさんによる音楽タイム⑮	マッチングゲーム⑤
9:20-9:50	エレナ先生とディクテーション⑤		英語のドリル①	Journal at desk（空欄のため活動内容は不明）	サラとYear Book（年次アルバム）の作成②
9:50-10:20	スナックタイム㉜	スナックタイム㉜	スナックタイム㉜	スナックタイム㉜	スナックタイム㉜
10:20- 10:45-	サラと探し絵② ドリル（英語）①	ジャクソン、クロエと知恵の輪③ ドリル（算数）①	リアムと数独② ドリル（英語）①	エレナ先生とディクテーション⑤	ドリル（算数）① ドリル（英語）①
11:00-11:50	IXL（算数のコンピューターソフト）3年生用① マイケルと折り紙②	Raz Kids(英語のコンピューターソフト）① ステラと会話②	ルーシー先生とプロジェクト学習（古代インド）⑩	マランダ先生の算数⑤ アリアナと会話②	IXL3年生用① イーサンと折り紙②
12:50-13:30	先生による読み聞かせ⑩	読書①	読書①	読書①	読書①
13:30-14:25	Investigations（お楽しみ学習）③〜⑥	Investigations ③〜⑥	Investigations ③〜⑥	Investigations ③〜⑥	Investigations ③〜⑥

※実際に配布されたコントラクトをもとに、一部改変した。
※丸数字は、子どもの人数を指す。①は1人での学習、②はペア学習を指す。㉜は32名全員参加の活動のこと。ただし、③以上の数は、子どもの出欠状況により多少の変動がある。

１つ目は、子どもそれぞれによって学習の内容が様々であることです。ジャーナルタイムやスナックタイムなど、日課は共通しています（後述）。しかし、その枠の中でどのような活動をするのかは、個人によって大きく異なります。

ペアになって数を学び合う

例えば、娘であれば、「折り紙」や「ディクテーション」「友達との会話」といった活動が入っています。「折り紙」は、言葉にハンディがある娘でも、友達に教えることのできる活動です。いわば「主役」になれる活動です。娘のために考案された活動です。

また、「友達との会話」も、娘のために設定された活動です。入学して５ヵ月ほど経ってから実施されるようになりました。いろんなお友達と話すという活動です。活動のねらいは英語で話すことです。学年が１つ下のステラとの会話のときはお互いモジモジしていましたが、「好きな動物は何？」など絵本を介しながら会話をしていました。

２つ目は、様々な集団のサイズが準備され

ていることです。表1からもわかるように、1日の中でも、学習を行う人数が様々に変化しています。例えば、水曜日であれば、娘の場合、全員と朝の会に参加した後、ドリルを1人でします。その後、おやつを全員で食べながら、先生の話や友達の学習発表を聞きます。そして、友達と2人で数独(ナンバープレース)をします。その後は、古代インドというプロジェクト学習を10人ほどでします。昼食後は、1人で読書をしたあと、5、6人でお楽しみ学習(チェスやパズルなど)をします。1人、ペア学習、小集団学習、全員学習といったように、活動に応じて、様々なサイズで学習を進めていきます。

異年齢教育と言っても、「全時間・全員異年齢集団」という固定的なものではありません。状況に応じて、異年齢集団になったり、

リラックスした様子で朝の会に参加する子どもたち

1人で学習したり、同年齢のペアで学んだりなどしています。

3つ目は、様々な集団の質が準備されていることです。「何をするか」「何人でするか」だけではなく、「誰とするか」も配慮されています。それは表1を見てもわかるでしょう。年上の男の子と折り紙をしたり、年下の女の子と会話をしたり、仲のよい女の子とYear Book（年次アルバム）を作ったりしています。小集団についても同じで、木曜日の11時から11時50分のマランダ先生との算数では、同じような理解の子どもたち5名を集めて分数を教えていました。理解が基準ですので、結果として異年齢の集団になっていました。

流動的異年齢教育

以上からわかるように、New Schoolの異年齢教育は正確には「流動的異年齢教育」と呼ぶ

思い思いに読書をする

のがふさわしいでしょう。「流動的」と呼ぶのは、（1）活動によって異年齢になったりならなかったりすること、（2）異年齢集団の人数も質も、1日の中で様々であることによります。「異年齢集団でなければいけない」という固定的な教育ではなく、あくまで目的に応じて様々な集団がつくられる点に特徴があります。

New Schoolの日課

表1だけ見ると、子どもによって大きく時間割が異なるように思えます。実際、子どもによって活動は様々なのですが、何の時間かという「枠」自体は、どの子どものコントラクトでも共通です。New School の典型的な日課を、学校ホームページおよびフィールドワークをもとにして、**表2**（次頁）に作成しました。どの曜日でもほぼ同じ日課であることが、わかっていただけると思います。

紙面の都合上、すべての活動を紹介することはできませんので、いくつか特徴的な活動を紹介しておきます。

個に応じつつ少人数で学ぶ

表2　New Schoolの典型的な一日

時間	名称	活動	活動形態
8:30-9:00	始まるまでの自由時間	9時まで校庭で自由に遊ぶ。教師は、校舎内で打ち合わせ。	自由
9:00-9:20	朝の会もしくは個別学習	1週間のうち2回は全体での朝の会（週の予定、忘れ物、誕生日など）。残り3日は、個別学習が多い。	全員、もしくは個別
9:20-9:50	ジャーナルタイム	各自がワープロのようなものを用いて物語を創作する。1回完結ではなく数カ月単位である。	個別
9:50-10:20	おやつと集団活動	各自持参したおやつを食べながら活動する。プロジェクトの発表を聞いたり、次の遠足についての学習をしたり、本や絵本の読み聞かせを聞く。	全員もしくは中集団
10:20-11:50	個別学習時間	国語や算数のテキストをもとに、各自自習を行う。その後、2～4人のグループになり、アカデミックなゲーム（チェスや算数要素のすごろくなど）を行う。	個別・ペア・小集団学習のいずれか
11:50-12:20	ジム（体育、自由遊び）	校庭に出てルール遊びをすることが多い（鬼ごっこなど）。雪のある日は自由遊びを行う。	全員
12:20-12:50	昼食	各自のお弁当で。席は自由だが状況によっては、「1つの机で男女それぞれ2名まで」といった条件がつく場合もある。	基本的には自由
12:50-13:30	読書など	読書の時間が基本（まれにプロジェクト学習が入ることもある）。1人で自由に快適だと思う場所を見つけて読書をする。字が読めない子どもには、先生が読み聞かせを行う。	小集団学習もしくは個別
13:30-14:30	Investigations（お楽しみ学習）	様々な活動があり、自由に選択する。例えば、「チェス」「レゴ」「ビーズ」「お絵かき」などがある（1日に約5、6種）。保護者が臨時講師としてレクチャー（科学・料理）することもある。	小集団
14:30-14:40	掃除	全員が、役割（全体のチェック係り、廊下の掃除など）を交代して行う。	全員
14:40-15:00	読み聞かせ	先生が読み聞かせをする。主にプロジェクトにかかわる本を読むことが多い。「聞きながら絵を描きなさい」などの指示もある。	全体もしくは小集団
15:00	下校	保護者が迎えに来る子ども、スクールバスで帰る子ども、放課後サービスを利用する子どもの3パターンに分かれる。	

ジャーナルタイム（Journal time）

9時20分から9時50分まではジャーナルタイムという時間が設定されています。作文の時間です。パソコンやアルファスマートというワープロのようなものを使って、作文をします。テーマは自分で決定し、数カ月かけて書いていきます。何人かの子どもの作文を見せてもらいましたが、ファンタジーや友達との友情などの物語をつづっていました。

ただし、低学年の子どもや、特別なニーズのある子どもの中には、作文活動が難しい場合もあります。その場合は、別の活動（小集団で文字学習）をします。

日本では、「読書の時間」というインプットの時間は継続してとられることは多いですが、このジャーナルタイムのように、アウトプットを継続的に行うことは珍しいですよね。自由に表現することを大事にするNew Schoolらしい活動です。

アルファスマート（Alphasmart）
（ウィキペディアより）

スナックタイム（Snack and Group meeting）

9時50分から10時20分まではスナックタイムがあります。各自持参したおやつを食べます。ちなみに普通のクッキーのようなものもあれば、韓国のりを持ってきている子もいて、本当にいろいろでした。

ただ、この時間は、おやつを食べるだけではありません。おやつを食べながら様々な活動をします。例えば、写真のように、グループごとに進めていたプロジェクト学習の発表会などが行われます。来週に行く遠足についての予習をしたり、少人数に分かれてプロジェクト学習の準備をすることもあります。娘は日本で通っていた自分の学校（公立学校）と、New Schoolの比較について発表しました。子どもたちからは、「子どもだけで歩いて学校に行くの?」「給食当番ってあるんだね?」「休憩時間があるの?」などと質問したり、感想を述べていました。

スナックタイムでの研究発表

個別学習の時間（Individual time）

10時20分から11時50分までは、個別学習の時間です。ただ、90分ずっと個別学習をするわけではありません。小集団で行うことも多く見られました。この時間の特徴は以下の3つに分かれます。

1つ目の特徴は、個別もしくは小集団に分かれて活動する点です。158頁や161頁の写真のように2人や3人で活動することが多くとられています。1人で活動することもあります。また場合によっては先生も、どこかのグループに入ることもあります。

2つ目の特徴は、教育的なゲームが積極的に取り入れられていることです。内容は様々で、すごろくのようなものもあれば、スクラブル（Scrabble）と言ってアルファベット1文字だけが書かれたカードを引いて、単語を作っていくようなゲーム、写真のような「Guess Who?」と言って、2人1組でするゲームなども行われます。このゲームは「あなたの選んだ人は、めがねをしていますか?」などと質問しながら、相手が「誰」を選んだかを推測するものです。他にもConnect Fourと言ってオセロのようなゲームもありました。

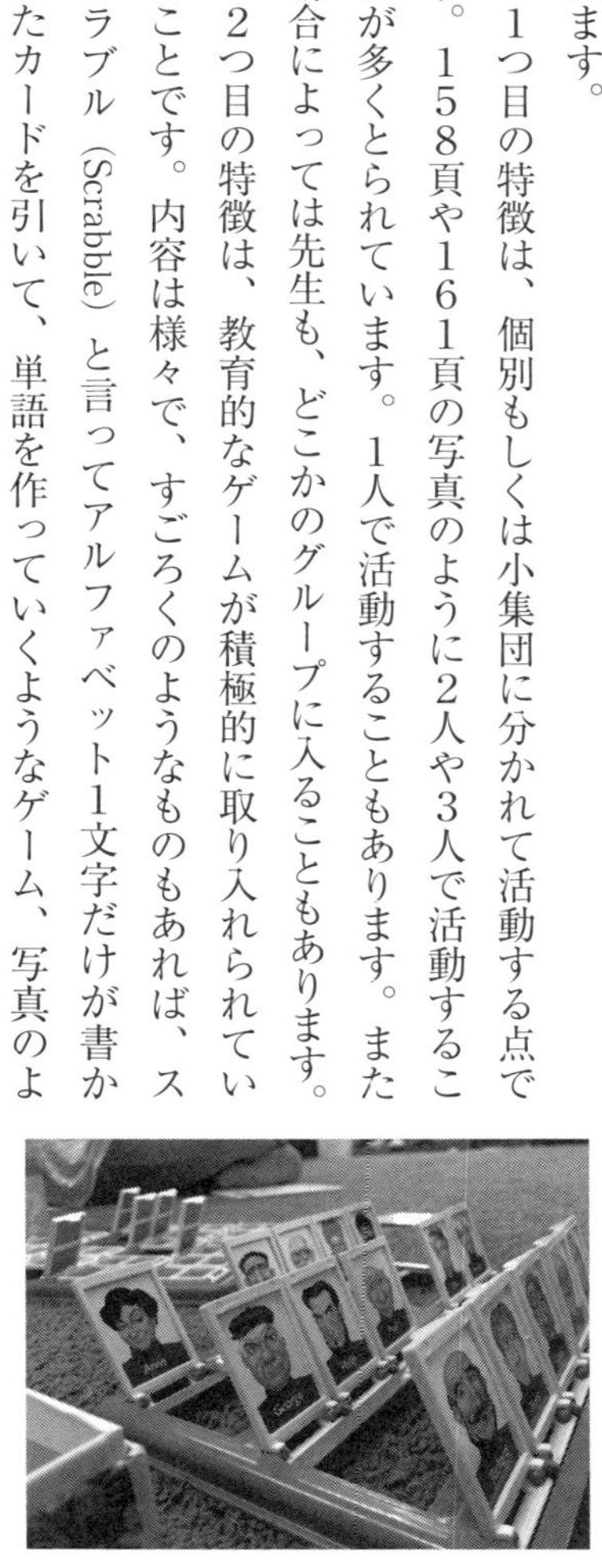

Guess Who ?

ジム（Gym）

ランチの前には、ジム（体育）の時間です。ただし、これを「体育」と言ってよいのかどうか疑問です。と言うのも、日本の体育のような「運動技術の獲得」に関する指導はまったく（ほんとにまったく!）ないからです。「逆上がりができるように」「跳び箱4段跳べるように」

といった技術指導はまったくありません。

とは言え、まったくの自由時間というわけでもありません。前章でも書いたように、ルール遊びに代表されるような協同的な活動を重視していました。しっぽとりをしたり、みんなでバルーンをしたりしました。よくもわるくも日本のように「できる」ことにこだわった体育ではないのが印象的でした。「できる」ことよりも「みんなで楽しむ」ことが重視されていました。

お楽しみ学習（Investigations）

日本語に訳しにくい活動ですが、実態としては「お楽しみ学習」に近いものです。朝の会のときに、その日提示される複数の活動の中からそれぞれが好きな活動を選びます。5、6人のグループに分かれて、様々な活動をします。「チェス」「レゴ」「ビーズ」「お絵かき」「パズル」などの活動が準備されています。もちろん知的な学習ではあるのですが、教科学習とは大きく異なっていることもあって、「遊びの時間」という認識の子どももいました。

折り紙の風船を持ってポーズ

コラム　多様性の中で学ぶ子どもたちの息づかい
（その2）異質なものへの強烈な好奇心

異質なものに対する好奇心

異質なものに対して強烈な好奇心がある子どもたちです。今年度、アジア人は娘だけでした。当然、お菓子、お弁当、遊び道具など、アメリカの子どもたちと違うことが多いです。もちろん、言葉も違います。彼らにとって、娘や娘の持ち物は、まぎれもなく「異質」の存在です。

そんな娘や娘の持ち物に、興味津々な子どもたちです。折り紙を持ってくると、子どもたちは猛烈な関心を示します。同じ3年生のアリアナは、折り紙が楽しすぎたのか、ある日、500枚以上！　の大量の折り紙を持参してきました。さらに、しばらくすると、ドヤ顔でけん玉まで持ってきます。けん玉はアメリカでは、超レアでなかなか売っていないはず。どこで手に入れたのか、聞いてみると、「アマゾンで買ってもらった」とのこと。何と言う粘り強さ。アリアナのお母さんは、「家の中がどんどん日本化していく」ととっても楽しそうに笑われていました。

日本語に関心を示し、「いただきます」「おはよう」「さよなら」など日本の言葉をどんどん吸収していくルーカス（6年生）。会うたびに「新しい言葉を教えてくれ」と言ってきます。そして、娘にも日本語で「おはよう」とあいさつをします。他にも、多くの子どもが、日本語を話そうとします。中には私の口癖を真似して「なに？」「ほんま」などをとにかく連発するジェイコブ（年長）もいました。

また、お昼の時間、お弁当を持ってくると、「これはなに？　SUSHI？」など質問の嵐です。メリッサ（4年生）は、日本の弁当に刺激を受けたのか、数日後、うれしそうに「ママに頼んで日本のランチにしてもらったの」と、なんと和食を持ってきました（しかし、中身を見るとどうも中華なようでしたが・笑）。

もちろん、モノだけでなく、娘にも関心を示します。サラ（5年生）のように「その髪型、素敵ね」と言って何とか友達になろうとする女の子もいます。さらにスカーレット（4年生）は、「ゼルダの伝説」のTシャツを着て、娘と仲良くなりたがる作戦をとりました。しかし、娘はゼルダを知らないということの何とも残念な事態（笑）。なお、スカーレットは、もともと日本文化が好きで、日本の「ラムネ」「トトロ」「ピカチュウ」など網羅しています。そして、アメリカでは放映が始まったばかりの「妖怪ウォッチ」もチェックしているというすごい女子です。

親御さんに伺ったところ、「なぜかはわからないのよねぇ。日本にも行ったことがないのだけど」とのこと。ちなみに彼女の誕生日にけん玉をプレゼントしたところ、うれしさのあまり卒倒しそうになりながら、ゼルダの主人公の喜びポーズをとっておりました。それは誰もわからないのでは……笑。そして、今は「ケロロ軍曹」のＤＶＤに夢中だそうで、親御さんは「これは教育的にどうか」と和やかに笑っておられました。

……ともう書き出すときりがないくらい、娘や娘の持っているものに関心を示します。もちろん、この好奇心の高さは、日本文化に限りません。スペイン語を習っている子どももいます。多くの子どもたちは「自分とは違うもの」＝「異質」なものに対する好奇心が総じて強いです。

日本では、ここまで異質なものに純粋に知的好奇心を示し、それをすぐさま取り入れる子どもは、多くないでしょう。もし白人や黒人の子どもがクラスに１人来たら、多くの子どもは戸惑ってしまうのではないでしょうか。言葉も通じないし、何だか違うものを食べているし……。

もちろん、日本の子どもたちはきっとそういう子に優しくするでしょう。でも、異質なものに好奇心を示し、ましてや、すぐに自分の中に取り込む子どもたちを、イメージすることができません。

この違いがどこから来るのか、まだ十分にわかりません。ただ、注意しておきたいのは「アメリカ人がすべてこうではない」という事実です。私が接してきたアメリカ人の中には

(子どもも含む)、アジアとか日本にまったく興味を示さない人もたくさんいますし、中には英語ができないことで私を露骨にバカにする人もいました。お弁当を見ても、敬遠する人もいました。そこには、異質なものに対する排除のニオイさえ感じます。もっとも排除する側はそういうつもりはないのでしょう。ですが、排除される側は、あのまとわりつく独特のニオイはすごく見えてしまいます。

ところが、New School にはそのような排除のニオイがしません。その理由の1つとして、親御さんのオープンな態度がある気がします。自分が理解できない異質なものに対してご機嫌にドアが開いているように思えるのです。そう思えたエピソードを紹介します。

シラキュースは、日本人が少ないため、日本食を売っている専門店はそう多くありません。2、3ヵ所のみです。それも、韓国や中国の食材と一緒に「アジア」というくくりです。その店の1つに買い物に行ったときのことです。

なんとアリアナの父親が来ているではありませんか。アリアナの両親はどちらも純アメリカ人です。つい「なぜここに来ているのか」と思わず尋ねました。すると、「カズ、ここの手づくり豆腐がうまいんだぜ。それを買いに来たんだ」と娘さんそっくりのドヤ顔でうれしそうに語ります。何ともマニアックな発言です。アメリカでは、豆腐は、SUSHI ほどポピュラーではありません。異質なものへの好奇心がないと、とてもではありませんが、手作り豆腐にはたどり着けないでしょう。

また、一般的にアメリカでは受けが悪いとされる海苔を、おやつに持ってくる子どもが複数いました。少なくとも４人はいました。学校初日のおやつの時間に、娘の隣のマシュー（5年生）が、海苔だけをボリボリ食べているのを見て、え？　と驚きました。海苔を持ってくるのは、明らかに親の影響です。親が「そんな変なものやめときなさい」と言っていれば海苔を持ってくることはありえません。

・・・・・・・・・・・・・・・・・・・・・・・・・・・・・・・・

「インクルーシブ教育」や「多様性（diversity）」という言葉が、流行っています。それ自体はとても大事です。でも、「どうやって違う特性の子どもたちを一緒に学ばせるか」という大人目線での議論が多いように思います。もしくは、多様性が大事だ！　とだけ繰り返しているとか。

子ども目線で見た場合、そして、アメリカの子どもたちに学べば、「異質」なものを「何だか素敵」「もっと知りたい」「自分もやってみたい」と楽しめるような環境・雰囲気を創ることがより重要になると感じました。

「多様性」そのものが大事というよりは、「多様性」を楽しむことが大事ですよね。子どもたちから大事な問いをもらいました。

遠足でのひとコマ

第４章　流動的異年齢教育を可能にするもの
——個別化・協同化・プロジェクト化

ここまで、New Schoolが行っている流動的異年齢教育について、子どもの学習計画表および日課から説明してきました。でも、それでも、考えてみればやっぱり不思議です。学力が似通っており、それゆえ、授業を行いやすいと思われる同年齢集団での一斉授業でさえ簡単ではありません。それなのに、New Schoolでは、なぜ様々な年齢の子どもたちが、そして、障害のある子もない子もともに学ぶことができるのでしょうか。

その理由は、New Schoolの独特の学習形態にあります。「個別化・協同化・プロジェクト化」（苫野 2014 から概念をお借りしました）された学びが、流動的異年齢教育を可能にしています。

個別化　1つは個別化が徹底されているということです。もちろん、ここでいう「個別」とは「個々バラバラに指導する」という意味ではなく、「子どもそれぞれの特徴に応じて指導する」

という意味です。ですので、集団で学ぶこともももちろんあります。個別化の発想は、表1の学習指導表（コントラクト）に如実に表れています（157頁）。

「1年生だからこの教科書で学習する」という決まりはありません。あくまで、それぞれの子どもの理解や関心に応じて学習内容が決定されます。例えば、私の娘は英語ができませんので、年長児が用いるテキストを用います。一方、算数に関しては、語学のハンディがあまりありませんでしたので、結果として、自分の学年より上の内容を学んでいました。「年齢」や「学年」といった子どもの「外」から学習内容がやってくるのではありません。あくまで子どもの理解に応じて子どもの「内」から学習内容が決定されます。

この点は重要です。異年齢教育と言うと、どうしても「つながり」が重視されます。下の子どもは、上の子どもにあこがれ、上の子は見守る力がつく……。確かにそのような側面はあるのですが、New Schoolの場合は、そのような異年齢ペアや集団だけが重視されているのではありません。むしろ、コントラクトに象徴されるように、徹底的に「個」が重視されています。「異年齢ありきの異年齢教育」ではありません。

協同化　もう1つの特徴は協同化です。ここまでの紹介でわかるように、ともに学ぶことが重視されています。ただ、正確に言えば、1日中「全員で学ぶ」わけではありません。あくまで、学習の内容に応じて、適した人数や集団の質が、柔軟に設定されています。

先に述べたように、朝の会は、全員が参加して、その日の予定や今度の遠足の話などをします。一方、毎日、午前中に作文（多くは物語）に取り組むジャーナルタイムは、個別に学習しています。パソコンなどを用いて、一人ひとりが個別学習をします。少人数で学ぶこともあります。毎日、学習的な要素の強いゲームを行う時間があります。先生が作られた「算数すごろく」であったり、「スクラブル」と言ってアルファベットのカードを引いて単語を作るようなゲーム、オセロのようなゲームもあります。なお、場合によっては、「一斉授業」的な授業もあります。典型的なものは、年長・小学1年生の文字の学習です。先生が、子どもたちに単語や筆記体を教えることがあります。1日の中でも、学習内容に応じて、学習集団の人数や質が多彩に変化します。

プロジェクト化　プロジェクト化された学びも特徴的です。New Schoolでは、プロジェクト学習を大事にしています。ある設定されたテーマに対して、調べ学習を中心にテーマを深めていくような学びです。ハロウィンのお祭りに向けて、5、6人のグループで一緒に劇を考えていくという日本でも類似した活動もあれば、裁判に関する簡単なお話を読んで、皆で模擬裁判をするという学習もありました。また、自分たちが受けてきた教育について発表するというものもありました。ちなみに娘は、「日米の教育比較」でプレゼンを行いました。「ある正解があってそれに向けて教師が教える」というよくある学習形態とは異なる質の学習がすでに年長からしばしば行われていました。

具体的にどのように学びが展開されるのか

「個別化・協同化・プロジェクト化」を別々に説明してきましたが、実際は、この3つは密接に結びついています。そこで、娘の学習の様子を通して、具体的な様子を説明します。娘は、入学当時、英語をほとんど聞くことも話すこともできませんでした。

入学当初、先生たちは、私たちに「娘は何が好きなの？」と聞いてきました。そこで、折り紙が好きと答えました。すると、11時から11時50分の枠で、毎日毎週、2ヵ月ほど「折り紙」を友達と遊ぶ活動が入りました。また、他の時間帯でも、「チェス」や「コネクト4（オセロのようなもの）」といった話し言葉をあまり必要としない活動が多く設定されていました。また、「誰と」活動するのかも特徴的でした。最初の1ヵ月は、サラという1つ上の女の子と活動することが毎日続きました。

しかし、なぜ日本でもできる折り紙を毎日するのか、また、毎日決まった子どもとペアになるのか少し不思議でした。このような活動の意図を先生に聞いたところ、「英語が話せなくても、友達と仲良くなれる活動が今はいいと思うの。また、最初はいろんな友達と遊ぶより安心できる友達ができるほうがいいよね」と教えてくれました。さらに「折り紙なら、友達に教えることができるでしょ。彼女がスマート（利口）なのは知ってるから」と教えてくれました。

なるほどな、という感じです。

娘が徐々に学校に慣れてくると、活動の質も徐々に変わっていきました。例えば、オセロのような言葉が必要でない活動ではなく、「Guess Who?」（165頁）と言って友達と言葉を交わさないとできないようなゲームが導入されるようになりました。同時に、年上の子ども、年下の子ども、障害のある子どもなど様々な子どもとペアになって活動するようになりました。

このように「個別」と「協同」の両方を視野にいれて活動を組み込むことで、特別なニーズのある子どもも、皆とともに学びを深めていくことができるようになります。

異年齢教育と子どもの発達

娘は、アメリカの公立小学校のときは、日本の公立小学校と同じように、「同年齢・一斉授業」の中で学んでいました。そこでは、ＥＳＬクラス（英語を第二言語として学ぶクラス）にも通っていました。当然ですが、そこでは、「英語ができない」側面が最大限に目立ってしまいます。もちろん、先生方もよくしてくれたのですが、同じ年齢の子どもと学ぶことで、「できない」ことがどうしても目立っていました。クラスで先生の指示はわかりませんし、友達が話していることもわかりません。そのため、学校に行きづらくなることもありました。

一方、New Schoolでの学びは対照的でした。英語が「わからない」ことは変わらないのですが、英語がわからなくても、他の子どもに教えるといった『主人公』となる活動が成立したり、安心できる友達と長くいることで学校に居やすくなったり、英語がわからなくても対等に活動できたりしました。だから、学校が楽しくなります。楽しくなってくると、英語の力、特にリスニングの力が伸びていきました。

こうして見てくると、「個別化・協同化・プロジェクト化」の流動的異年齢教育は、子どもの様々な発達を豊かにする可能性があると言えます。次章で詳しく検討します。

コラム　多様性の中で学ぶ子どもたちの息づかい

（その3）他者を気づかう

気づかい

子どもたちの特徴の3つ目は、気づかいです。英語が十分には話せない娘とかかわるとき、子どもたちは様々な気づかいを見せてくれました。

エマ（5年生・女子）が、入学後すぐに、娘に「どんなゲームが好き?」と英語で聞いてきました。彼女もゆっくり話してくれたのですが、やはり娘はわからなかったようです。すると、ジャズミン（中学2年生・女子）が、エマに聞こえる程度の小さな声（娘にはわからないようにという配慮でしょう）で、「Yes/Noで答えられる質問にしたほうが、答えやすいと思うよ」とアドバイスしていました。さりげなく、かつ的確なアドバイスです。

また、子ども3人と私1人、合わせて4人で数に関するボードゲームをしていたときのことです。私は、つい熱くなって本気を出してしまい、一番に上がりそうになってしまいました（おい!）。

自分で本気を出したくせに、「あちゃー、困ったな」と思っていたときのこと、司会をしていたルーカス（6年生・男子）も、同じことを思ったのでしょう。次に私にどんなカードがあたるのかを司会の特権でちらっと見ます。そして、「あ、このままでは、このおっさんが先に勝ってしまう」と気づいたようで、こっそりカードを変えます。どうも娘に勝つようにカードをこっそり操作しているようです。ついに、ルーカスの操作のおかげで、娘が一番になることができました。入学して1ヵ月ほど、学校ではあまり表情がなかった娘が、一瞬笑顔を見せました。するとルーカスもうれしそうに笑顔を見せて、You did it!（やったね！）と娘とハイタッチ。娘は「今日はゲームで勝ったの！」と自信満々でしたが、裏にはルーカスの気づかいがありました。

また、サラ（5年生・女子）が、娘と2人で、『SPY』という絵本を読んでいたときのことです。『SPY』とは『ウォーリーをさがせ！』のような絵本で、いろいろ描かれているイラストの中から、特定の物をみつける内容です。サラは、早速、見つけたようです。目がI find it!（見つけた！）になっています。しかし、指をさしません。そして、すぐに娘のほうを見ます。何も言わずに見て、娘が見つけるのを待っています。娘が見つけると、一緒によかったねと喜びます。娘は知ってか知らずか、自信満々です。年下の娘を気づかっての行動です。

このような気づかいは、4年生以上の子どもに多いようです。ただ、その中で、そうエピソードは多くないのですが、3年生以下の子どもが気づかってくれることもありました。

ニコラス（2年生・男子）が、私の妻に話しかけたときのことです。しかし、妻は彼の言葉がさっぱりわかりません。そこで、妻が英語で「I can't speak English」と言ったところ、彼が「大丈夫、僕も日本語わからないから」と言ったとのこと。いや、何だかもう大人顔負けの優しいフォローですよね。そして、ニコラスにメロメロになる妻でした。

・・・・・・・・・・・・・・・・・・・・・・・・・・

「翻訳機」の発明

このようにいろいろ気づかいを見せてくれる子どもたちですが、その中でも印象に残る出来事がありました。入学して1ヵ月ほど経った10月上旬のことです。娘も学校で笑顔を見せるようになり、親が付き添わずに1人だけで学校で過ごせる時間が増えてきました。

ハロウィンの出しものに向けての話し合いがもたれました。4、5人で1つのグループになり、出し物（劇）を考えます。どんなテーマにして、どのような役割をするのかを決めていきます。あるグループでは、バーガーキングで勤めるゾンビの店員をやりたいという子どもや、ハリーポッターの占い師をやるという子ども、アニメキャラクターをする子どもなど、もはやハロウィンと何ら関係ないカオスな感じで、自由にやりたいキャラを決めていきます。先生が間に入って、子どもたちの希望するキャラをすり合わせながら、ストーリーが作られていきます。例えば、カフェが舞台になって、ゾンビの格好をした店員が、カフェにあるテレビのチャンネルを変えます。そのテレビの中に子どもたちが扮装していて、チャンネルごとに出し物をするというものでした。

娘にとってはハードルが高い話し合いです。筋がどこに行くかわかりませんので、内容を理解するのがかなり難しいです。そばにいる妻が訳し、理解できたとしても、変わったキャラを考え扮装するのも、娘にとっては苦手なことです。

これまでなら、「むーん」と不愛想オーラを極限まで放出し、「心のシャッター」を閉じて終了です。活動に参加しません。ところが、これまでの学校生活の中で、シャッターがだいぶ上がっていたようです。「わからなくてもがんばりたい」という思いが出てきたようです。だからこそ何とか聞きとろう、言おうとしました。でも、やっぱりわかりません、できません。その葛藤から、娘は大粒の涙を流しました。

学校で泣くことはなかった娘です。周りの子どもは、何事かと様子を見ています。その場にいた妻も、いろいろアドバイスを言ったようですが、事態は好転しません。涙をポロポロ流し続けます。

ちょうど妻は先に帰る予定でしたので「一緒に帰る?」と声をかけます。しかし、娘は「いや、このままいる」と言って、1人で、学校が終わる15時まで学校にそのまま残りました。

さて、次の日です。私はハラハラしながら娘と妻を学校に送ります。一旦、仕事に戻り、妻を12時ころ迎えに行きます。車を止めます。妻が泣きながら学校から出てきました。「ぬおぉわぁ」とあたふたします。ところが、うれし涙でした。妻が次のように話してくれました。

クロエ（5年生）が、iPadで翻訳したらどうかと提案してきたらしいのです。英語ができずに涙を流す娘を見て、何とかしようと考えたのでしょう。先生（グレース）もその提案にすぐに乗ってくれて、日本語・英語の翻訳アプリをインストールしてくれました。先生が、「これで会話できるかしら？」と言ってきてくれました。

娘が泣いた昨日のことから、いろいろ考えてくれたのでしょう。「娘の気持ちを知りたい」「自分の思いを伝えたい」というクロエの気持ちが伝わってきました。彼らにとっては、英語ができず何もしゃべらない娘のことを考えなくても、何も困りません。それでも、泣きじゃくった娘のことを一晩考えてくれたのでしょう。だからこその「翻訳機」というアイデアでした。

私たちは、娘も含め、少しでも「英語ができるように」「できなければ」と頑張ってきました。でも、クロエは「できなくてもいいんだよ」と言ってくれているようでした。彼女の思いに触れて、娘はポロポロと涙を落としました。アメリカに来て、娘が流した初めてのうれし涙でした。

学校が終わる15時に、ハラハラドキドキして娘を迎えに行きました。娘の穏やかな顔を見てほっとします。帰りの車中で娘がうれしそうに話してくれました。「あのな、iPadでな、クロエが話してくれてん。お昼に騒いでいる男子のことをな、『あの子らは変だ』とiPadで教えてくれてん。やっぱりクロエも、アホ男子やと思ってたんで。笑けるやろ」。

確かに一部の男子は、すぐにちょこまかアホなこと（関西では非常に愛がある言葉です。あしからず）をしています。それにしても、2人がつながった最初の一言が、「あの子らは変だ」とは……。そこかい！　と思うのですが、でも、それだからいいのですよね。どうでもいい笑いって、空気を柔らかくします。世界どこにでも生息するアホ男子、ほんまにありがとう！

次の日から「iPadがあるから大丈夫！」と言って娘は付き添いなしで通うようになりました。

なぜすぐに「翻訳機」を導入しなかったのか？

娘が、この学校に行き始めてからちょうど1ヵ月たってiPadという「翻訳機」が導入されました。ただ、私たち親も、日本語と英語の両方が書かれたコミュニケーションカードの使用を考えていなかったわけではありません。障害のある子どもの発達を専門としていますので、頭ではすぐに浮かびました。

ただ、何だか不思議なのですが、実際には作りませんでした。そのときは「めんどくさいからかな」と思っていたのですが、そうではないことが、娘の様子を見て確信できました。翻訳機というのは、「伝えたいけど伝わらない」「相手の気持ちを知りたい」と切実に思って初めて、価値があり、実際に使われるものです。もし入学当初早々に翻訳機や翻訳カードを使っていれば、その価値は、娘や子どもには伝わらなかったでしょうし、使われることはなかったはずです。1ヵ月の学校生活の中で、じわじわと仲良くなった・仲良くなりたいという思いが育ってきた履歴があるからこその翻訳機です。

特別支援教育でも同じです。教師や保護者が「よかれ」と思い、先回りして、様々な支援教材を用意してもうまくいくとは限りません。むしろ、子どもたちがその教材を「必要」と思っていなければ、大人が「これはええものなのに、なんで使わへんの」などとなってギクシャクしてしまいます。もしくは、道具に使われてしまう事態にもなりかねません。

3つの特徴から見えてくること

ここまで、3回にわたって、New Schoolに通う子どもたちの特徴をコラムで取り上げてきました。「穏やかでゆるい」「異質なものへの好奇心」「他者への気づかい」という3つの特徴です。これらは、もともと持っていた子どもの特徴でもあります。裕福な子どもたちが通っているので、家庭の文化資本が影響しているのは明らかです。

ただ、一方で、それだけではないとも思います。もともと持っている子どもたちの特徴だけでなく、「みんなまぜこぜで一緒に学ぶ」というこの学校のカリキュラムが関係しているように思います。例えば、中学2年生と小学校1年生の子どもがともに学ぶとき、上の子どもは、下の子どもの様子を考えざるを得ません。そうでないと一緒に学ぶことはできないからです。それに自分のペースだけをきっちり守ろうとすれば、下の子がいれば、きっとイライラしてしまうでしょう。適度な寛容さがどうしても必要です。それに、異年齢集団ですから、「一律にちゃんとする」こと自体は無理です。どうしてもゆるくまとめていく必要があります。そういう意味で、この学校の教育方針は重要な意味を持っているはずです。

第5章　流動的異年齢教育の意義

自己肯定感の安定・社会性の発達

流動的異年齢教育には3つの意義があります。

1つ目は、自己肯定感が高くなる（正確には自己肯定感が低くならない）ということです。日本の公立学校のように、「同じ年齢の子どもたちだけで、同じ教材を用いて学び、同じ目標が立てられ、同じ評価を受ける」教育の場合、どうしても他の子どもと「できる／できない」が見えやすくなります。特にテストであれば、友達との優劣が点数という形ですぐにわかります。テストだけでなく、行動面でも同じです。「席から外れる」という行動も、みんな同じようにしなければいけない状況では、目立ってしまいます。その結果、子どもたちは、他者との比較の中で自分の学力や行動を評価する傾向が強まります。そして一部の「できる」子をのぞいて、多くの子どもが「できない」ことを突きつけられ、自己肯定感が低くなりやすくなります。

一方、New Schoolでの学習形態は、そもそも友達との比較がしにくくなっています。同学年で学んでいませんし、誰1人として、他の子どもと同じカリキュラムで学んでいる子はいません。一人ひとり学んでいることが違うために、「他の子どもに比べて、できる／できない」ことがわかりにくいのです。

もっと言えば、誰が何年生かもはっきりしません。「クロエと勉強する」という個人名でのやりとりが中心ですので、友達との比較をしようと思っても、同じものさしではないために難しいのです。

もちろん、友達との比較ができないわけではありません。ゲームでは勝ち負けがありますし、小集団で算数を学ぶときには、「できる／できない」がわかります。ただ、学校生活全体で見れば、それほど大きな時間ではありません。それに、先生のまなざしが違います。そもそも、先生は、個人の中での学習を評価しています。全体の中での子どもの順位などに、微塵も関心がありません。通知表にあたるものに相対評価なる項目はなく、以前に比べて、その子の学力がどう伸びたかが書かれます。このような教師のまなざしが、子どもが他者との比較（できる／できない）にこだわらない態度を形成していると思われます。

他者と比較した評価が少なくなると、「自分がどのようにできるようになったか」という、自分の中での（過去と現在の）比較に意識が向くようになります。例えば、分数がわからなかったけれども、授業を受ける中で、わかってきた手応えを感じやすくなります。他者と同じ基準で比較できないカリキュラムが、子どもを他者比較の呪縛から自由にし、自分を大事にしていくことにつながるのです。

2つ目は、社会性の発達を豊かにする意義です。この意味は、日本の異年齢保育でも、たびたび指摘されてきました（例えば、宮里 2013）。異年齢の子どもが、同じ活動をすることで、下の子どもは上の子にあこがれて、いわば見よう見まねで活動に参加し、その結果として、様々な知識や技術を獲得することがあります。また、逆に下の子どもとともに活動する中で、相手のペースに合わせることも自然とできるようになります（そのあたりの子どもの姿については、コラム180頁を参照してください）。

「障害」が目立たない

3つ目は、「障害」という言葉をことさら意識しなくてもいい意義です。New School には前述したように、障害のある子どもが、およそ4分の1在籍しています。日本のように、「同じ年齢の子どもたちが同じクラスで学ぶ」という「同年齢学級」が基本であれば、障害のある子どもは、「できない」ことが目立ちます。みんなと同じことを同じようにするのは、どうしても難しいからです。そのため、「できなさ」は「障害」と直結しやすくなります。「計算ができない」「じっとできない」「一方的に話す」などが障害特性として顕在化します。

しかし、New Schoolのように流動的異年齢教育をとっている場合、「障害」は目立ちません。そもそも、年齢がまぜこぜのまま授業をしていますので、「一律の基準」なるものが存在せず、比較しようがないのです。

さらに、障害のある子どもの学びは、他の子ども同様、その子の「できる」部分から出発します。そのため、その子が「できない」姿が見えにくくなります。もちろん、障害ゆえに、なかなかできにくい姿があったり、調子の波が大きいことはあります。しかし、それでも、自分のできる・わかるところから出発しているために、「できなさ」が目立つことはありません。英語ができなかった娘の学習の様子がそのよい例です。

流動的異年齢教育を導入することで、できなさとしての「障害」が見えにくくなります。このことは、障害のある子どもにはもちろん、障害のない子にとっても、基準や平均から比べて「できなさ」をことさら意識せずに学べる環境にあると言えるでしょう。

楽ちんな雰囲気

……と、何だかうんちくを書いてきましたが、感覚的な表現で恐縮ですが、一言で言うと、この学校に通っていると、「ほっとする」んですよね。みんなと学んではいるのだけど、「平均に比べて遅れてる／進んでる」という視点がこの学校にはありません。「『みんなちがってみんないい』を推進しましょう！」といった心がけのレベルではなく、また、教師の力量や態度がそうさせるのではなく、学びのシステムとして必然的に他者と比較した評価をしなくなります。

こうして「他者比較」から抜け出ると、障害の部分が見えにくくなります。すると、障害のある子どもは、のびのびと学び、自分を表現できるようになります。実際、公立小学校では、1対1で先生が常にサポートしていた行動障害のある子どもが、New Schoolに来てからは、マンツーマンは必要なくなりました。

流動的異年齢教育の原点：「どの子もバカだって思われたくないよね」

New Schoolに足繁く通っていたとき、ふと、「なぜこのような教育を行うようになったのかな?」と思いました。もちろん、先に書いてきたように、「自己肯定感」であるとか「社会性」の意義はあると感じていました。しかし、それだけではないような気がして、古参の先生に、なぜこのようなユニークな学びのシステムをつくったのかを尋ねてみました。すると、「どの子もバカって思われたくないよね。それを突き詰めたらこんな形の学校になったの」と答えてくれました。なるほどなぁと納得しました。

どの子も自分が劣っているとは思われたくないし、思いたくないものです。その願いは、小さな子どもも、障害のある子どもも、障害のない子もみんな同じです。その願いを大事に大事にしたら、流動的異年齢教育に行きついたのです。個々を大事にすることを突き詰めることが、多様性のある集団に行きつくという結論は、不思議なような、面白いような、納得するような、そんな感じがします。

インクルーシブ教育や異年齢教育が、先に「よきもの」「正しいもの」としてあるのではなく、一人ひとりのプライドを尊重することが最初にあったのです。

第6章　インクルーシブ教育の新しいかたち
――違いを大事にしながらつながる

New School におけるインクルーシブ教育――流動的異年齢教育――は、シラキュースの公立小学校や、日本の公立小学校と比べて、どのような特徴があるのでしょうか。第2部第6章の図（128頁）を再び用いて、New Schoolのインクルーシブ教育の特徴を探ります。

図にあるように、日本的インクルーシブ教育は、「同じ・つながり」を求める程度が高いと指摘してきました。「障害のある子もない子も、できるかぎり皆と同じことをする」教育であり、かつ「障害のある子とない子が一緒に遊ぶ・学ぶ」というつながりを求める教育でした。このような教育では、インクルーシブ教育のハードルが高くなり、結果として、障害児の排除につながる可能性があります。

一方、シラキュース的インクルーシブ教育では、「個々の違い」を認めつつ、つながりを過度には求めないものでした。生物学的・文化的違いの度合いが強いために、障害のある子も含めた違いには寛容です。カリキュラム的にも、違いを前提としたものになっています。一方、つながりはあえて求めません。まずは自分のことをしっかりする(Mind your own business)ことが最優先であり、実践者も「間接保育」のような意図的に子ども同士をつなげるような保育をしないことが特徴的でした。

New Schoolは、どこに位置するのでしょうか。この図の中では、difference-relationship(違い―つながり)に位置すると判断できます。「個々の違いを認めながらつながりを大事にするインクルーシブ教育」です。このように判断できるのは、「個別化・協同化」の学びのシステムが基礎になっているからです。

まず、difference(違い)の点です。個別化が徹底した異年齢教育から見ても、differenceを重視していることは自明です。個の能力や興味・関心を徹底的に尊重してカリキュラムが組まれます。そして、sameness(同じ)を求められることはあまりあり

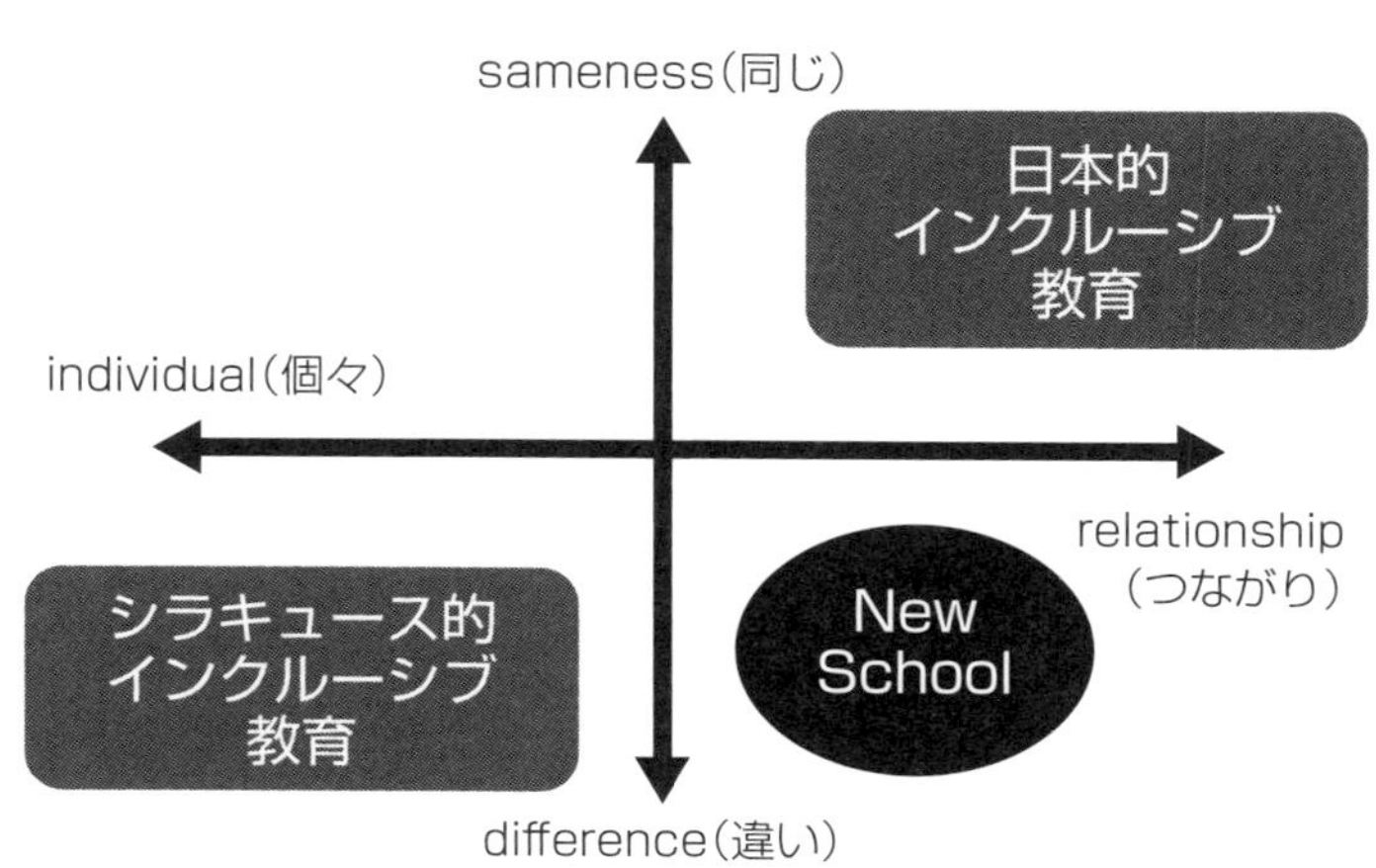

読み聞かせから浮かんだイメージを絵にする

ません。そもそもsamenessの志向が強ければ、同年齢学級を選択しているはずですから。上の写真は国語の授業の一場面です。先生が本を読み、そこから浮かんだイメージを絵にするという内容です。授業内容も興味深いのですが、座り方に目が行きます。思い思いに座っています。寝そべっている子もいます。「ちゃんと椅子に座る」ことから超越しています。先生に理由を聞いてみました。すると、「自分がリラックスした状態で話を聞けることが大事。もっと大事なのは、どの姿勢がリラックスして聞けるのかを自分で決めること」と教えてくれました。逆に「一律に同じようにさせることにどんな意味があるのか?」と聞かれました。確かに……。New Schoolでは、それぞれの違いを大事にしながら、教育が行われていることがわかります。

次に、relationship（つながり）の点です。これは、協同化の学びが重視されていることとリンクします。個の能力を重視すると書きましたが、それは個別指導ではありません。むしろ、様々な友達とかかわりながら、学びを深めていく活動が重視されていました。友達との中でこそ、学習や発達は進むことが重視されていました。また、学習面だけではなく、体育でもルールのある遊びを重視していました。

違い（difference）を尊重しながら、つながる（relationship）。そこには、日本のような皆同じ（sameness）ことを求められる中でつながらなければならない息苦しさはありません。また、シラキュースの他の学校にように、違い（difference）は尊重されるけれども、つながりにくい場面もありません。個々の違いを尊重しながら、つながっていく学びのシステムが、流動的異年齢教育のよさであり、新しいかたちのインクルーシブ教育だと言えます。

《第3部　文献》

藤根雅之・橋本あかね（2016）オルタナティブスクールの現状と課題：全国レベルの質問紙調査に基づく分析から　大阪大学教育学年報 21, 89-100.
苫野一徳（2014）教育の力　講談社現代新書
宮里六郎（2013）異年齢保育から保育を問い返す　現代と保育 86, 48-64.

結び　アメリカを通して日本の教室を考える

こんなにも教育が進んでいて、こんなにも教育が遅れている国、アメリカ

20近くの幼稚園や小学校を見学しました。週に数回、見学に行き、子どもの息づかいを感じました。保護者としての立場も含めれば、150日以上、アメリカの幼稚園や小学校に通ったことになります。それでもまだまだ限られた経験です。限られた経験ではありますが、その中で感じたことがいくつかあります。

1つは、「こんなにも（障害児）教育が進んでいて、こんなにも（障害児）教育が遅れている国はない」ということです。特に公教育の格差については、ただただ驚きの連続でした。貧困地区の公立小学校と、そうではない地区の公立小学校では、大きく状況が違います。貧困地区では、本書第1部で述べてきたように、幼児期から文字や数を教え込み、廊下に成績を貼り出し、少しでも成績を上げようとします。また、Time out roomのように短期的・短絡的な賞罰を多用して子どもをコントロールしようとする傾向が強くあります。白人はほとんどおらず、

教育予算も少なく、繰り上がりの足し算ですら十分できない低学力の子どもが多くいます。

一方で、裕福な地区では、幼児期には豊かな遊びをたっぷり保障する中で、子どもの人格形成を図ろうとしています。その証拠に教室の壁には、文字や数の掲示が少なくなっています。まったくないところもありました。本物の大きな木を持ち込んで情緒豊かな雰囲気をつくっている教室もありました。障害児教育も同じです。どの地区も基本的なインクルーシブ教育が目指されている点は同じですが、貧困地区の場合、とりあえず同じ場にいるだけということもありました。一方、裕福な地域では、TAが丁寧に付いたり、教育方法を工夫して障害のある子どもがのびのびと学んでいました。1人2台のiPadを与えられる障害児がいるなど、潤沢な教育予算を背景に、豊かな教育が行われていました。

もちろん日本でも、教育における格差の問題は山積しています。しかし、日米では大きな違いがあります。教育・教師の質の格差です。日本では、公立小学校であれば、貧困地区であろうと、裕福な地区であろうと、教育の質に大きな差はないでしょう。それに、貧困地区の公立学校だから予算がなく、プールがないという事態もないでしょう。教師の質も異なります。授業中にコーラを飲んでいた教師を私は忘れることができません。

この学校間格差は、「自己努力」では到底埋めることのできないものです。「こんなに（障害児）教育が進んでいて、こんなに（障害児）教育が遅れている国はない」というのは、言い換えれば、公教育が崩壊しつつあることでもあります。「すべての子どもに豊かな発達を保障する」というのが公教育と定義できることがまだ許されるのであれば、この絶望的な格差は、「公教育の崩壊」としか表現できません。

アメリカの優れた実践から学ぶことは多いと思いつつ、しかし、公教育という視点から考えた場合、果たして、このような教育の形がすべての子どもを幸せにする方向に向かわせるのか、疑問を感じざるを得ません。

学校間格差が広がる背景

このような学校間格差の背景の1つとして、NCLB法（No Child Left Behind Act）の影響があげられます。NCLB法とは、2002年に制定された法律で、「落ちこぼれ防止」法とも呼ばれます。この法律は、その名の通り、人種や社会的階層にかかわらずすべての子どもの学力向上を図って制定されました。NCLB法の特徴があります。州・学区・学校に対してアカウンタビリティ（説明責任）を強く求めるところに、NCLB法の特徴があります。平たく言えば、「学校に税金をたくさん投入しているから、その教育効果を明確に説明しなさい。そして効果がないのであれば処罰しますよ」ということです。

NCLB法によって、アメリカの公教育は大きく変わりました。州の統一テストを実施し、学校ごとに、その成績を公開します。学力が、州の設定する目標に届かない場合、公立学校が「おとりつぶし」になることさえあるのです。

経済的に余裕のある保護者は、公開された学校ごとの情報をもとに、よりよい学区へ引っ越します。逆に経済的に厳しい地区の保護者は、そのような余裕はないですし、そもそも学校ごとの成績にそれほど関心がないこともあるでしょう。結果、学校間の格差は広がります。学校側にとっては死活問題です。少しでもよいテスト成績を求めます。第1部でも述べたように、テストの得点向上を目指して、早期から授業時間を延ばし、遊びの時間や音楽や体育の時間を削ります。この傾向は貧困地区ほど顕著です。結果、「テストが王様、教師が家来、子どもが奴隷」のようなテスト中心主義的教育システムができあがります。

もっとも、ラビッチ（2013）が指摘するように、NCLB法では、もともとこのような格差拡大を目標としていたわけではありません。むしろ、すべての子どもの学力を上げようというねらいだったはずです。では、なぜ、ねらいとは真逆の結果をもたらしたのでしょうか。

それは、一言で言えば、新自由主義的発想にそもそもの誤りがあったからです。新自由主義とは、公的な介入を最小限にし、「自由に競争し、自由に選択すれば全体がよくなる。かつ、その競争に負けた人は自己責任をとるべきだ」という発想です。確かに、理にかなった考えのようにも思えます。しかし、実情は、アメリカの公教育の悲惨な姿が、明らかにしてくれます。教師も競争、学校も競争、子どもも競争する中では、もともと「持っているもの」「勝ちやすいもの」がどんどん有利になり、そうではないものは負け続ける構造になってしまうのです。

日本では、アメリカの「一周遅れ」（二周遅れ？）で、「アカウンタビリティの徹底」「学校選択制」が持ち込まれつつあります。それだけでも恐怖なのですが、そのうえで、教師の質の格差が、学区間で広がるようになれば、日本の公教育は、あっという間に、そのよさをなくし、崩壊していくでしょう。

日本の教室の「生きづらさ」

一方、シラキュースから帰国した後、日本の教室が違って見えるようになりました。何度も何度も見ていた日本の教室や雰囲気が、アメリカに行く前とは、違って見えるのです。アメリカの教室を見たことで、自分の価値観や子ども観が変わったからだと思います。

日本の教室を久しぶりに見て一番強く感じたのは、教室の「しんどさ」です。教室で学ぶ子どもの数が多いことだけが理由ではありません。また、怖い先生がいるから、しんどさを感じたわけでもありません。そうではなく、どの教室を見ても、自分の体がなんとなくしんどくなるのです。

4月早々にある幼稚園を訪問したときのことです。年少の子どもたちが、皆一列に並んで、遊戯室に入っているのを待っていました。そして、遊戯室に入って、皆同じように座り、そして、皆同じようにお歌を歌うように求められます。入園したばかりの子どもたちなので、そうそうみんなと一緒にはできません。列をはみ出す子どももいます。しかし、先生は必死になって、みんな同じようにさせようとします。とても優しく熱心な先生方で、子どものためを思ってかかわられているのはすごく伝わりました。

……なのですが、どうにも私にはしっくりこないのです。「皆と同じ」ことを当然のように求める価値観、そして、それを子どもたちが当然のように志向する雰囲気を見て、しんどくなりました。皆と一緒に同じことをすることは、社会の中で生きていくうえで必要なのかもしれません。ただ、それぞれの子どもの良さが見えにくくなっているのも事実です。それに、第2部でも述べてきたように、このような同じ（sameness）志向が強まれば強まるほど、そこからはみ出る子どもは、「気になる子」として否応なく目立ってしまいます。実際、その園で列からはみ出る子どもは、「問題」のある子として浮かび上がっていました。

もちろん、「日本の教育がダメで、アメリカの教育がよい」と言いたいわけではありません。第1部で見てきたように、強烈な格差が顕在化しているアメリカの公教育がよいとはまったく思いません。しかし、その一方で、日本の「皆と同じ」志向の教育が、少なくない子どもたち、特に、独自の感性や資質を持っている子どもたちを生きづらくさせているのも事実です。

ある小学校2年生の国語の授業を見ました。教科書の音読が始まりました。全員が立って、教科書を両手に持って音読を一斉に始めます。しかし、ある女の子は、体幹が弱いためかフラフラしています。また、読み書きに少し困難さがありました。フラフラしている中では、字を追うことがしんどいようです。「これはきつそうやな……」と思って様子を見ていると、彼女は、教科書を折り曲げて読む範囲を少なくしたり、目を教科書にギリギリまで近づけています。彼女なりに必死に、字を読もうとがんばっている様子です。そして、最後に教科書を机の上に置きました。そうすることで、体幹はフラフラとしても、少なくとも教科書はぶれることはありません。「彼女なりに必死に考えてるんやなぁ」と思った矢先、先生が「(教科書を)ちゃんと持ちなさい」と一言。

彼女の努力は先生の一言で瓦解しました。努力は報われることなく、同じ読み方・姿勢を求められるために、彼女は字を読むことができず、「気になる子」として浮かび上がることになりました。

この先生の子どもの見方が甘いと言えば、それまでです。ですが、私はそれ以上に根が深い問題だと思っています。個々の先生の対応と言うよりも、「皆と同じようにすること」を当然のこととする雰囲気が、私たちが思っている以上に、日本の教育に根を張っていることが背景にあります。そのことをまずは私たちは自覚することが必要です。

この「皆と同じ」教育観を自覚することなしに、教育の改善は見込めません。

「同年齢学級主義」を前提としたインクルーシブ教育の問題

そのよい例が、インクルーシブ教育です。現在、日本では、インクルーシブ教育が進められようとしています。障害のある子どもを含めた多様な子どもたちがともに学ぶという理念は、とてもすばらしいことだと思います。

一方、それを実現しようとする際、同年齢学級を前提に、「皆と同じように（sameness）」学ぶ、しかも、「つながり（relationship）」を重視するという価値観の中で教育を進めることは、相当困難をともないます。

同じ年齢と言っても、子どもの実態は多様です。特に現代の日本では、発達障害はもちろん、低学力の子ども、虐待を受けた子ども、貧困家庭の子ども、外国籍の子どもなど様々な困難をもつ子どもが増えてきています。このような中で、「同じように学ぶ」ことは、困難を極めます。しかし、全国学力テストのように外から評価を求められます。いきおい、何とか形だけでも学べるような教育技術や環境調整が流行することになります。しかし、これらは子どもの多様性を尊重し、そこからともにつくり上げていくようなボトムアップの教育ではありません。その証拠に、教師の教え方の詳細は述べられているものの、New Schoolのコントラクトのような子どもの個々の学びから授業をつくろうとはしていないからです。ある意味、これまでの教育を先鋭化させることで、そして、「つながり」を重視することで、この困難を乗り越えようとしていますが、それが首尾よくいくかは疑問に思っています。

多様な子どもたちの存在は、「同年齢で教えたほうが効率がよい」という私たちが当たり前だと思っていた価値観を問い直す必要があることを教えてくれています。

流動的異年齢教育は日本でも可能か?

とは言え、New Schoolの流動的異年齢教育は、「いいかもしれないけど、日本では難しいよね」と思われるかもしれません。確かに、そう簡単なことではありませんが、私の感覚としては、そう遠くない将来、流動的異年齢教育が広まるであろうと思っています。もちろん、それが主流になることはないかもしれません。しかし、確かな傍流として位置づくだろうと予想しています。こう断言できるのは、以下の2つの流れがあるからです。

1つは、何人かの保育・教育学者が、異年齢教育に注目しているからです。特に、私が「個別化・協同化・プロジェクト化」の概念をお借りした苫野さんは、いくつかの文献で、異年齢教育を強く主張しています。その際の根拠となる実践として、オランダのイエナ・プランを紹介されています。イエナ・プランについては、いくつかの文献を読む限り、New Schoolの理念や実践と共通する部分が多くあります。また、保育の分野でも改めて異年齢を基礎とした保育のあり方が注目されています(川田 2015)。同時多発的に研究者が異年齢教育に注目していることは、公教育に対する地殻変動が起きていることを示唆しています。

もう1つは、すでにオルタナティブスクールにおいて、異年齢教育の実践が展開されつつあるということです。例えば、アメリカのボストンを発祥とするサドベリー・スクールは、学年を廃止して、自由に学ぶ教育を採用しており、日本でもサドベリー・スクールに影響を受けた学校は数校ひらかれています(デモクラティック・スクールを考える会 2008)。(もっとも、New

Schoolの実践とサドベリー・スクールは相当異なっていますが、本書のねらいを超えるので割愛します）。

「そうは言っても異年齢教育は日本では無理」というのは、案外そうではなく、あくまで、私たちの思い込みなのかもしれません。そして、その思い込みは「同年齢の学びのほうが効率がよい」という学力観・教育観・発達観に起因しているのでしょう。さらに障害児に関して言えば、「学力が違う子どもたちが一緒に学ぶのは無理」という私たちの根深い発達観・教育観が、障害児を個別指導に偏重させたり、通常学級で学べないと決めつけるような指導につながっているように思います。

一度、当たり前のように思っていた同年齢学級主義を問い直す必要があります。

「できる／できない」教育から「楽しい」教育へ

日本に帰国して2ヵ月経ったある日、娘とNew Schoolについて話す機会がありました。娘は、日本の学校と比較しながら、次のように話してくれました。

「日本の学校は、できないことをできるようにさせる。だからそれがつらい子が出てくる」「New Schoolは、個々に合わせて楽しいことをしてくれる。でも、楽しいことだけしてたら大人にはなれへんねん。楽しいことしてたら、のびるやろ？　そのへんが違うねん」「New School

は、できないことがあっても別にええやんって思ってる」

日本の公教育の問題および New School の特徴を端的に言い当てていると思います。障害のある子どもも含めたすべての子どもが、学びを楽しみ、新しい自分をつくっていくうえで鍵となる流動的異年齢教育の意味をさらに探求してみたいと考えています。

《結び　文献》

ダイアン・ラビッチ（本図愛実 監訳）(2013) 偉大なるアメリカ公立学校の死と生：テストと学校選択がいかに教育をだめにしてきたのか　協同出版

リヒテルズ直子・苫野一徳 (2016) 公教育をイチから考えよう　日本評論社

川田　学 (2015) 発達心理学的自由論シーズン２：年齢と発達　現代と保育 92, 74-89.

デモクラティック・スクールを考える会 (2008) 自分を生きる学校：いま芽吹く日本のデモクラティック・スクール　せせらぎ出版

山本由美 (2015) 教育改革はアメリカの失敗を追いかける：学力テスト、小中一貫、学校統廃合の全体像　花伝社

おわりに 「わがこと」のように考えてくれる人が必ずいる

在外研究でのあたふた生活を通して、私が学んだことがあります。留学を終えた方からは「多様な価値観に触れることができた」「自己主張の重要性を学んだ」など、「失敗を恐れず積極的に生きようぜ！」みたいな、勇まし系の教訓を聞くことが多いです。

ただ、私はこういう実感を持てませんでした。トホホ……。英語がまったくわからなくてしょげてしまい、話せなくなることはしょっちゅうでしたし、様々なことに二の足を踏んでしまうこともありました。あたふたしっぱなしの1年間でした。

でも、だからこそ学べることもありました。それは「言葉が通じなくても、初めて出会っても、わがことのように考えてくれ、喜んでくれる人がいるんだ。世界にはそういう出会いがあるんだ」と確信できたことです。

渡米直後の4月、私が住むところを熟慮しなかったために、娘が貧困地区の学校に行くことになりました。藁にもすがる思いでネット検索し、知子さんに連絡を取りました。早速、次の日に来ていただき、翌日から当時、車がなかった私に代わって娘を送迎してくれました。初日、娘が「学校楽しかった」と言ったとき、涙を流してわがことのように喜んでくれました。その涙が、私たちがアメリカで暮らしていく勇気と安心感の原動力になりました。

大学院の授業を勇んでとったものの、まったく議論がわからず、ついていけない日々。議論ができない結果、1人でポツネンと座ることになる私（あぁ、思い出したくないぃぃ）。絶望的な状況の中、いつも気にかけてくれた社会人院生のキャレン。私が「先生なんていったの？さっぱりわからん」と聞いたら、「そうよね、わかりにくいよね。私も混乱してたのよ」とフォローしてくれながら教えてくれました。あの状況で隣に座ってくれる彼女の暖かなまなざしが、絶望の中にも希望があることを教えてくれました。

娘の転校先のマランダ先生。「今、あなたの娘が、友達の誕生祝いメッセージを1人で話したのよ！ なんて私は素晴らしい子を教えているのかしら！」と興奮した様子のメールをくれました。わがことのように一喜一憂してくれる先生のメールを見るたびに、渡米当初、毎日涙したことが決して無駄ではなかったことを学びました。

英語ができなくても積極的になったほうがいいに決まっていますし、笑顔でニコニコしたほうがよいに決まっています。でも、そうはいかないときもあるんですよねぇ（息子だけは初日からアメリカ人になってましたが）。でも、できなくても、いいんだと思えました。わがことのように、気にかけてくれる人がいたからです。もちろん、多くはありません。少数です。でも、それで十分です。その人のことを思い浮かべただけで、不思議と勇気がわいてきます。

あまりポジティブではない成果です。何だか他力本願的な気もします。でも、「世の中、いや、世界は捨てたもんじゃない」ということを、アメリカの厳寒の地で身体の底から確信できたことは、私のかけがえのない成果です。

次は私の番です。どの子にも「世の中捨てたもんじゃない。どこかの誰かがきっと、自分のことをわがことのように考えてくれる」と確信してほしいと願っています。そして、そんな社会を皆さんと一緒に創っていきたいと思います。わがことのよ

厳寒の中で息子と

うに子どもたちの願いや悩みを想像することが、障害のある子を含めたすべての子どもの発達を保障する、つまり公教育を守り発展させる原動力につながるはずです。

本書は、多くの人に支えられてできあがりました。まったくの初対面にもかかわらず、弾むゴムまりのように元気に私を受け入れてくださったシラキュース大学の Sharon Dotger 先生、学校事情のレクチャーから裁判まで助けてくださったStultz知子さんとご家族の皆さま、わが娘を親身になって教えてくださった Miranda 先生をはじめとする New School の先生方と愉快で暖かな友達、車の購入など様々な面で生活をサポートしてくれた平田真一くん、私の拙い原稿を「かずさんらしい、素敵な原稿だね」と暖かく応援してくださり、帯文まで書いてくださった鈴木大裕さん、……他にも研究・生活あらゆる面で、本当に多くの方々に助けていただきました。皆さま、本当にありがとうございました。

また、神戸大学の若手教員長期海外派遣制度のおかげで、1年間、シラキュースで研究することができました。大学に余裕がない中、1年間自由にさせていただいた神戸大学の懐の広さ、そして、留守中に様々な仕事を肩代わりしてくださった同僚の先生方に深く感謝します。

また、いつも暖かく、ときに一緒にあたふたしながら、励ましてくださったひとなる書房の安芸英里子さんにも御礼申し上げます。安芸さんのおかげで、自分を表現しながらも、締め切りに間に合うという曲芸を成し遂げることができました。

最後になりましたが、頼りない私と一緒に1年間、異国の地で、喜びや悲しみを共有してくれた家族に本当に感謝いたします。特に、私の不手際で多大な困難を抱えたにもかかわらず、最後には「シラキュースに残りたい」と言った娘の頑張りと、人間の発達の力強さに敬意を表します。

12月初旬　娘とのシラキュース再訪を間近に控えて

赤木和重

コラム（おまけ）　裁判を受けてきました

シラキュースに住み始めて半年過ぎた10月上旬に、アメリカの裁判所に行ってまいりました。見学ではなく「被告人」の立場で……。

日本では裁判所には見学ですら行ったことがないのに、まさかアメリカで裁判を受けることになろうとは……あぁ。悪い意味でグローバル人材ですね。

事の発端は、8月下旬の交通事故。赤信号で止まっていたときに追突されました。相手方のスピードは出ていなかったので大したことはなかったのですが、首が何だか変な感じ。「あぁ、むち打ちかも。でもアメリカだと救急車呼ぶのに5万ぐらいかかるんだっけ？これは保険適用だろうけどめんどくさい、うーん……」と迷っている間に、むちゃくちゃはりきった通行人のおじさんが遠くから走ってきて、警察に電話しつつ、「お前は座って動くな」とテキパキ指示しはります。

何だかあっけにとられているうちに、すぐに（ほんとに早くて2、3分で）警察と救急車と消防車が来ます。そのままグルグル巻きにされて、そのままなぜか消防車に乗せられて病院へ。車はどうなるねん！　と思いながら病院でグルグル巻きのまま検査待ち。しかもプールに行く途中だったので、下は海パンです。

検査を待っている間に、警察官が来て事情聴取と同時に、何やら怒ってます。何事かと注意深く聞くと、「おい、お前、仮免許しか持ってないだろう！　運転できねえじゃねえか、この野郎。はい、違反チケット」。

え？　おれつまり無免許!?　いや、ちょっと待って！　まじで？　ということで無免許運転でチケットを切られました。

確かにこの時点では、ニューヨーク（NY）州の運転免許については、仮免許しか持っていませんでした。1人では運転できない規定です。ですが、ややこしいのですが、日本の免許証（国際運転免許証）とNY州の仮免許を合わせて持っていれば運転ができるはずなのです。それを警察官に言ったのですが、拙い英語のためか聞く耳まったくなし。「文句あるなら、裁判所で闘えばええやないけぇ」と言い出す始末。

証拠となる文書を見せようにもタンカの上でグルグル巻きになったままなので、それも果たせず。あぁ。もういいや、アメリカ。

そんな不安な中、CT検査。幸い、異常なし。でも私の車はどこ？　消防車に乗っけられたので、私の車は乗り捨てたままになっているはず。

病院の人に聞いてみると「あ、あんたの車、レッカー移動されたらしいよ。レッカー会社に取りに行って。大丈夫大丈夫。タクシー呼んであげるし」

あぁ、なんて親切な医療スタッフ。そして辺境の地にあるレッカー会社に、タクシーに乗って、車を取りに行く。

ところが……おい！　レッカー会社閉まってるやんけ！　休みじゃないですか！　なんだよ医療スタッフ、もう！　あぁ、もうなんでこんなんばっかりやねん！

レッカー会社に電話して、無理言って休みの中、来てもらいます。明らかに不満そうなスタッフのおにーちゃん。すまん、すぐ帰るからと思いつつ、レッカー代を聞くと、「150ドルです」。はいはい、ではカードで。「いや現金のみだから」とおにーちゃん。え？　ないよ、そう言われても。しかも辺境の地、ATMはどこにもない。タクシーももういないし……。

「今日は日曜日なの。わかってる？　明日出直して」とのこと。「はい、スンマセン」と返すしかないワタクシ。あぁ、めんどくさいことこの上なし。言葉が通じてもめんどくさいのに、言葉が通じないのでさらに輪をかけてめんどくさく、かつ不安。

何とか車を取り戻してからも大変。周りの人に聞きながら、裁判所に「おれは無罪」と書いた手紙を送る。すると裁判所から「10月5日出頭せよ」との手紙が！　もう不安はピーク。

果てしない妄想が駆け巡ります。大丈夫と思っていても、自分が交通法規を読み違えていただけかもしれません。「もう運転ができなくなるかも、そうなったらここでは暮らしていけない」「100万円くらいの罰金だったらどうしよう」とか「まさかの刑務所送りでいろいろねんごろな関係にさせられるのか……」とかもうダメ。

ネットで調べるも、このような微妙な事例はなし。切羽詰まってNY州にある日本総領事館に電話するも「わからないですわ」とつれないお返事。あぁ、ニッポン。

そんな中、シラキュースでお世話になっている日本人の方が弁護士を紹介してくれることに。その弁護士さんに会ってお願いしてみると、「あぁ、全然大丈夫。おれが警察に連絡しといてあげるよ。裁判はなしにしてあげる」とのこと。あぁ、ハグ！

でも、その後、弁護士さんとなかなか連絡がとれず、結局、裁判をすることに。そして、その弁護士さんと再び会ったのは、裁判開始3分前というアメリカ的要素を盛り込みながら、いよいよ裁判に臨みました。

開始30分前に満を持して裁判所に到着して、様子をうかがいました。裁判の種類ごとに部屋が分かれております。次のような感じ。

その1：犯罪

その2：交通違反←私はココ
その3：DV
その4：ドラッグ
など

犯罪関係者とDV関係者にはさまれて待つのも何だか落ち着かないのですが、というか、DVだけで1つの部屋!? それだけ需要があるの？ びっくりです。

さて弁護士さんと、30秒間打ち合わせをして裁判を始めます。日本の裁判所は知らないので何とも言えませんが、こちら、とってもカジュアルです。子連れで来たり、友達と来たり、携帯ピコピコ鳴ったりなどなど。警備の人もにこやか。ゆるい雰囲気です。

なーんだと油断していたところ、いきなり、鉄のくさりを腕と腰に巻かれた被告人が登場！ おい！ ちょっと待って！ なんだこれ！ 交通裁判のはずなのになんだこれ！

動揺しまくっていると、弁護士さんがニヤニヤしながら「Kazu, お前はああならないから大丈夫」とのこと。では、どうなるのでしょう？ 不安が募ります。

そして、私が呼ばれます。

裁判官「刑、軽くしてほしいの？」

弁護士さん「いや、無罪で」
裁判官「あ、そう。じゃあそこの判事（?）に説明して」
この間、15秒。

そして、弁護士さんが判事（?）に熱弁してくれはります。その間、1分。そして、結果待ち。弁護士さん曰く「判事はわかってくれたよ」とのこと。祈ります。

1分後、裁判官の前に行きます。「はい、無罪で。じゃあ次の人」。この間、5秒。ええええええ！　これで終わり？　なんだこれ！　もうちょっとこう激論とかないの？　心配のあまり1週間に3、4キロやせて、家族や周りの人に迷惑かけまくった私はなんだったの！

……と思いましたが、まぁとにかく無罪放免でよかったです。弁護士さんにも「いい経験になったね」とエール（?）をいただきました。

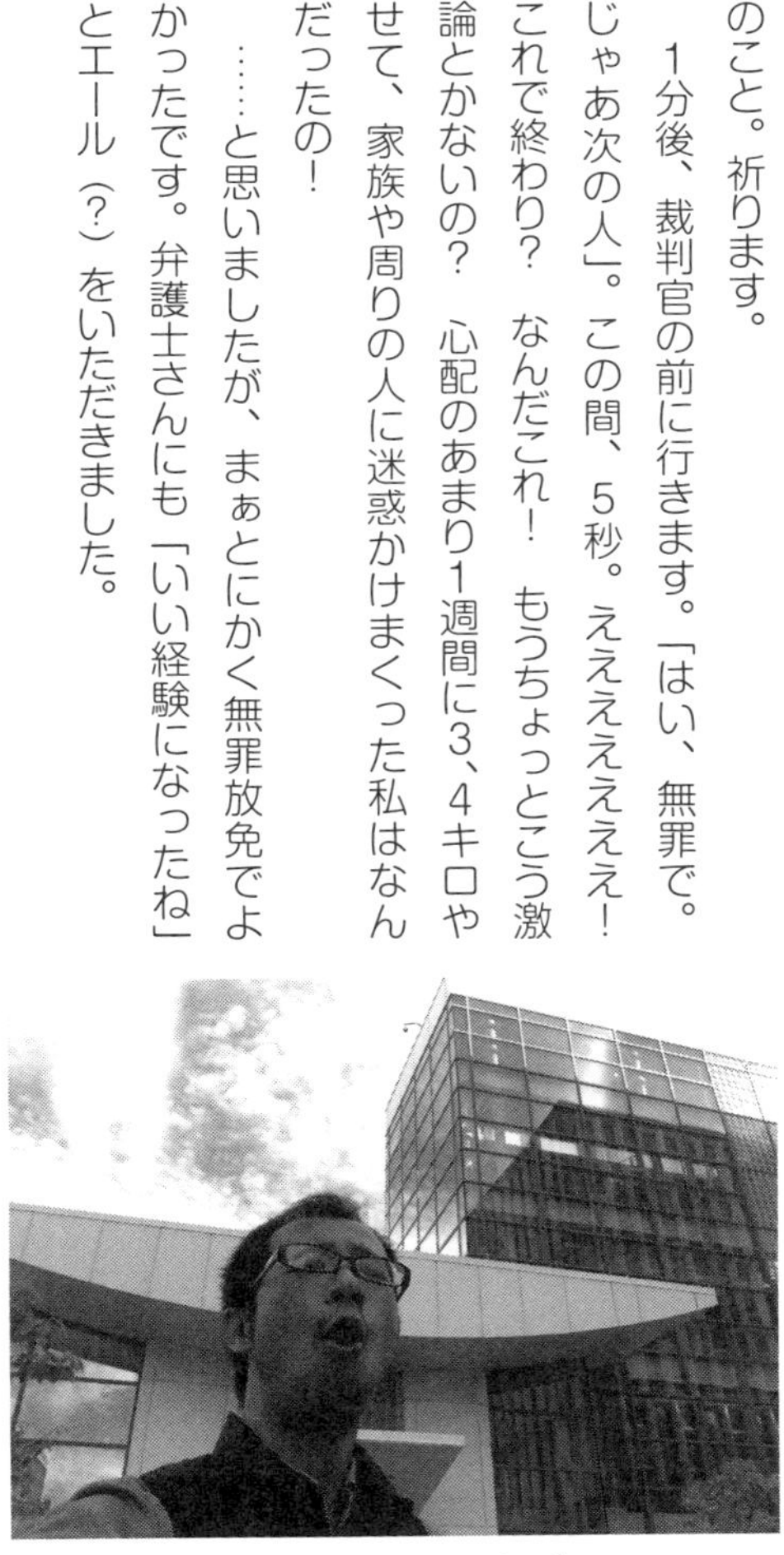

裁判所の前で勝訴のポーズ

・・・・・・・・・・・・・・・・・・・・・・・・

後日談：事故はまだ終わっていなかった……

日本に帰国して1ヵ月たった4月下旬、つまり事故から8ヵ月たって、あやしげな会社から1通の郵便が届きました。封を開けてみると、「おい、お前、救急車代、払ってないだろ、はい、614ドル（約7万円）よろしく！」（要約）とのこと。え――――――――――――！　なんで今さら、という感じです。

その怪しげな会社に電話して、「これは保険でカバーされるでしょうが！　なんでやねん」と拙い英語で伝えます。するとアラビアなまりのきついオペレーターが、「いや、もう保険会社はこの件、クローズしてる（取引終了）って言ってるから、カバーできない」とのこと。はぁ？　という感じです。とにかくプンプン怒っていたら、「しょうがない、手数料コミで500ドルに負けておいてやる」と、何だかアメリカらしい大雑把な取引。

結局、もう面倒くさくなって、500ドルで手を打ちましたが、うーん、もらい事故をして、ここまでややこしいことになるのか……と何だかもうやぶれかぶれな気分です。

本書は、人間発達研究所通信31巻1号から32巻1号にかけて連載した「アメリカの教室に入ってみる」、および、全国障害者問題研究会兵庫支部の機関紙に２０１５年６月号から２０１６年８月号まで連載した「アメリカあたふた珍道中」をもとに、大幅に加筆・修正したものです。関係者の皆さま、連載という貴重な機会をいただき、そして書籍にまとめることを快諾いただき、ありがとうございました。

また、娘にも、彼女に関係する箇所を確認してもらい、「New Schoolのような学校が日本に広がるためなら喜んで」と快諾してもらいました（著者）。

赤木　和重（あかぎ　かずしげ）

1975年生まれ。神戸大学大学院人間発達環境学研究科准教授。京都大学教育学部卒業、滋賀大学大学院教育学研究科・神戸大学大学院総合人間科学研究科修了。博士（学術）。専門は、発達心理学・特別支援教育学。2015年春から１年間、アメリカ・ニューヨーク州にあるシラキュース大学教育学部において、客員研究員として研究を行う。

主な著書に『「気になる子」と言わない保育――こんなときどうする？　考え方と手立て』（共著、ひとなる書房）『０１２３発達と保育――年齢から読み解く子どもの世界』（共著、ミネルヴァ書房）『キミヤーズの教材・教具――知的好奇心を引き出す』（共著、クリエイツかもがわ）『ホントのねがいをつかむ――自閉症児を育む教育実践』（共著、全障研出版部）他。

写真　The New School提供（p.141 p.144 p.147 p.149 p.155 p.158 p.159 p.167 p.173）
上記以外はすべて著者撮影

装幀　山田道弘

アメリカの教室に入ってみた

貧困地区の公立学校から超インクルーシブ教育まで

2017年１月15日　初版発行
2020年２月25日　４刷発行

著　者　赤木　和重
発行者　名古屋研一

発行所　㈱ひとなる書房
東京都文京区本郷2-17-13
電話　03-3811-1372
FAX　03-3811-1383
e-mail: hitonaru@alles.or.jp

　印刷・製本／中央精版印刷株式会社　

ひとなる書房の本

保育実践力アップシリーズ①

「気になる子」と言わない保育

こんなときどうする？　考え方と手立て

赤木和重・岡村由紀子／編著

大事にしたい子ども観・保育理念に支えられた確かな手立てを伝える新指導書シリーズ。

おとな目線で個別対症療法的な対応ではなく、子ども目線に立って集団保育のよさを生かす対応へ――保育で誰もが直面する問題について、22の事例をもとに考え方と手立てを示します。

B5判･160頁2色刷　定価（本体1800円＋税）

ISBN978-4-89464-195-2
